幼儿早期阅读的实践研究

王凤萍　著

北京工业大学出版社

图书在版编目（CIP）数据

幼儿早期阅读的实践研究 ／ 王凤萍著．— 北京：
北京工业大学出版社，2021.9（2022.10 重印）

ISBN 978-7-5639-8121-2

Ⅰ．①幼… Ⅱ．①王… Ⅲ．①阅读课－教学研究－学
前教育 Ⅳ．① G613.2

中国版本图书馆 CIP 数据核字（2021）第 203337 号

幼儿早期阅读的实践研究
YOU' ER ZAOQI YUEDU DE SHIJIAN YANJIU

著　　者：王凤萍

责任编辑：张　贤

封面设计：知更壹点

出版发行：北京工业大学出版社

　　　　　（北京市朝阳区平乐园 100 号　邮编：100124）

　　　　　010-67391722（传真）　bgdcbs@sina.com

经销单位：全国各地新华书店

承印单位：三河市元兴印务有限公司

开　　本：710 毫米 × 1000 毫米　1/16

印　　张：13.5

字　　数：270 千字

版　　次：2021 年 9 月第 1 版

印　　次：2022 年 10 月第 2 次印刷

标准书号：ISBN 978-7-5639-8121-2

定　　价：88.00 元

序

　　早期阅读，近些年已成为国际学前教育领域关注的热点和重点问题。我们认识到，早期阅读是个人终身学习的基础，其中的文学阅读更是起着"为人类提供良好的人性基础"之作用。学前阶段是培养基本阅读能力的关键时期，对于为什么读、读什么、如何读、读得怎么样等问题，我们需要不断进行反思与实践。而《幼儿早期阅读的实践研究》一书，是幼儿园早期阅读研究领域取得的一份新成就。

　　在山东省临朐县城关街道中心幼儿园，王凤萍园长带领她的团队，从幼儿园早期阅读的整体架构出发，按照故事、诗歌散文、戏剧等体裁先后展开实践探索，而本书就是对最先进行的"故事"教育课程研究成果的梳理和总结。从幼儿园早期阅读基本理论的概述、现状的调查与分析，到故事教育课程构建与实施的三个阶段，再到本课程的成效及推广应用情况等，全书进行了较为全面系统的呈现。其中，给我印象较深的有以下几点。

　　其一，明确的问题意识。本研究基于现实调查中所发现的"真问题"，经过归因分析，在实践中探索解决问题的有效途径与方法。例如，调查发现，一周内早期阅读集体教学不足一节，班级的阅读活动主要在阅读区开展，而阅读区基本上又无人问津，阅读时间远远不够；而阅读区形同虚设的主要原因在于，片面强调鸦雀无声的阅读规则以及单一"看"的阅读形式。再比如，阅读活动中幼儿的创造性不足，在大班的阅读《龟兔第二次赛跑》活动中，班里有18名幼儿思维打不开，只是重复其他幼儿的答案，7名幼儿显得茫然不知所措，他们都无法给故事以新的结局；将故事搬上舞台时，除了乌龟、兔子、裁判外，大部分幼儿想象不出还可以加入什么角色，仅有三两名幼儿说还可以有小花、小草，想象缺乏创造性。正是因为以"真问题"为基础，因此该研究给出的解决方案也具有重要的现实意义。

　　其二，故事教学法的细化与创新。故事作为儿童文学体裁中的大类，包括神话、传说、童话、寓言、生活故事等多种类型，故事所具有的叙事性特点与学前儿童的"叙事性思维"相契合，因此也深受孩子们喜欢。故事不仅仅是学前儿童阅读的重要内容，而且"故事化"的教学方法还可以运用到整个学前教育领域。本研究对于故事教学的探讨在这两个层面均有体现。比如，本研究中的"趣味迷宫"游戏提到，创设故事情境——小朋友回家或去游乐场玩，要经过一座迷宫，途中有好多故事图片，需要小朋友讲一讲才能通过这个路口，看看谁讲得清楚、完整——这里所谓的创设故事情境，其实就是"故事化"的教学方式。

同时，需要特别指出，故事教学本就是幼儿园传统而普遍的教学内容，而且看看、听听、讲讲、画画、演演这些形式也经常被使用，那么本研究的特别之处在哪里呢？我觉得就是把这些大家都熟悉的方式进一步细化、创新，再往前迈一步。譬如，本研究中仅是"讲故事"就设计划分了四个难度层次：讲单个句子、单幅画面故事、轮流讲故事、讲整个故事。其中，单幅画面讲故事又根据具体情境采取了故事开火车、小兔跳跳跳、故事小摸箱、摘苹果、故事转盘、故事棋等游戏方式。一个小小的"讲"故事环节，就细化出这么多循序渐进的阶段，而且创造出了六种游戏方式，不但激发了幼儿的阅读兴趣，也有助于幼儿将故事"讲"得更精彩。

在此基础上，该研究还将实践探索进行学术化的概括与提炼，提出了以创新阅读形式为突破口，融看、听、讲、画、演于一体的"五位一体"故事教学法。该教学法旨在打开幼儿的多种感觉通道，使其形成对作品的立体感知，在其框架下又挖掘出了18种具体的教学策略。对于幼儿园一线教师而言，这种意识与能力是难能可贵的。

其三，阅读与游戏的深度融合。阅读与游戏在其本质意义上具有相通性，阅读为孩子们打开了一个不同于现实世界的、充满想象与可能的第二世界，而游戏也具有想象、虚拟等特点。幼儿园教育应以游戏为基本活动，游戏不仅是幼儿的活动内容，也是幼儿的活动形式，还要在活动中体现游戏精神。那么，如何在阅读中有机融合游戏的形式与精神呢？本研究设计出包括看故事5种、听故事5种、讲故事13种、画故事11种、演故事7种总计41种游戏玩法（某种游戏是否严格属于某一故事阶段可再商榷），而且每种游戏都有设计意图和详细的玩法说明。以"趣味迷宫"游戏为例，这是在孩子对图书有初步感知理解之后，为增加阅读的挑战性而设计的，旨在让孩子在操作中实现与故事的对话。先将图书做成故事分解图片，利用KT板做底板，做一个难度适宜的迷宫；然后将反映故事主要内容的5～8张图片按照顺序排列在迷宫正确的道路上；再让幼儿通过"剪子、包袱、锤"的形式确定先后顺序尝试走迷宫；在走迷宫的过程中，孩子将自己置身于故事情境中，切实感受故事发生发展的脉络。另外，利用废旧纸箱及黑色卡纸制作的"娃娃电影列车"等游戏也很有创意。这么多有趣的阅读游戏是怎么想出来的？"只要老师们心中有孩子，善于观察孩子的兴趣、需要，并能够以一种研究的态度来对待教学，那么我们会创造出更多好玩的游戏。"书中的这句话回答了我的问题，也让我感动。

其四，故事教育课程的体系化探索。该研究以五位一体故事教学法为切入点，经过一段时间的积累，在理论与实践都比较成熟之后，进一步构建并实施了故事教育体系化课程。这是一个较为庞大的系统工程，展开过程有条不紊。该研究把"培养全面发展的幼儿"作为课程目标，架构起培养良好生活习惯、提高幼儿生活自理能力等八个方面的目标体系；然后挖掘每一种目标所包含的幼儿必备品格和关键能力，依据各年龄段幼儿关键经验，确定三个年龄班幼儿分别要达成的目标；接下来，遵循课程目标构建了情绪管理、生活习惯、数学认知、个性品质等八个主题的课程体系，并结合实践经验列出了各年龄班幼儿的主体故事书单；最后，便是教师多层次解读绘本，做好教学设计。值得一提的是，该研究还创建了故事教育资源库，广泛搜集相关故事并不断填充，据统计已收录八个主题共计780余则故事。这些工作都为研究的继续拓展和深化提供了重要基础。

总之，该研究基于正确的儿童观、教育理念和实践智慧，将早期阅读的研究又向前推进了一步。尤其当我走进这所幼儿园，看到孩子们用各种方式投入地阅读着，有些自制的阅读材料尽管简易甚至简陋，不够精美，但蕴含着园长和老师们无限的爱与智慧，我为此深受感动。或许本书在内容呈现上还不尽完善，但确实是一种扎实深入的实践探索，展示了早期阅读教育新的可能性，提供了诸多富有价值的启示。我们期待着团队能够在此基础上进一步提升研究水平，推进其后续研究。

杜传坤

2021年10月

前　　言

　　2014年9月，我们通过问卷调查、访谈、跟踪观察等多种方式对临朐县城关街道中心幼儿园460名幼儿做了早期阅读现状调查，发现存在幼儿自主选择阅读区阅读人数少、频次低、专注阅读时间短、创造性阅读水平低等问题。为改善幼儿早期阅读现状，临朐县城关街道中心幼儿园致力于幼儿早期阅读实践研究，并按照故事、诗歌、散文、戏剧的顺序分阶段进行探索。

　　本书为《幼儿早期阅读的实践研究》系列丛书的第一本，讲述的是故事教育课程的研发，主要内容包括幼儿园早期阅读概述、幼儿早期阅读现状调查、幼儿早期阅读存在的问题及原因分析、幼儿园故事教育概述、故事教育课程构建与实施的三个阶段、故事教育课程的成效及推广应用、故事教育课程的结论及建议、故事教育印记等八个方面。

　　本书为幼儿园开展早期阅读提供了样板，既有阅读区活动开展的典型经验、故事教学的有效路径，又有较为完备的故事教育课程，可用于各幼儿园开展早期阅读实践，也可作为相关研究人员的参考用书。

目　　录

第一章　幼儿早期阅读概述

早期阅读影响幼儿大脑发育，能够促进幼儿在认知、情感、个性等方面全面发展，是幼儿成为终身学习者的开端。培养幼儿对书的热爱、对阅读的兴趣是幼儿园教育的重要内容。

第一节　早期阅读相关概念界定

一、阅读

美国国家研究院早期阅读委员会认为阅读是以理解为目的，运用书面拼音知识和口语语音知识，从印刷文字中获取意义的过程。我国关于阅读的研究开始较晚，对于阅读及其概念的研究主要受西方阅读学研究的影响，《中国大百科全书·教育》对阅读的解释："一种从印的或写的语言符号中获取意义的心理过程。阅读也是一种基本的智力技能，这种技能是取得学业成功的先决条件，它是由一系列的过程和行为构成的总和。"张必隐认为阅读是从书面材料中获得信息并影响读者非智力因素的过程。另一个通俗易懂的定义："一条从听到的语言通向看到的语言的路，是听说向读（看）写的转变过程。"总而言之，阅读是从书面语言中获得心理意义的过程。

二、早期阅读

早期阅读，顾名思义，就是指学前期儿童的阅读。然而，具体来看，研究者的界定也是各不相同。《教育大辞典》中早期阅读的定义："儿童一岁半以后即开始的阅读。主要由成人将儿童读物中的内容读给儿童听，儿童识字后，进入自己的阅读。"这是较为狭义的早期阅读，随着对阅读研究的深入、对婴幼儿这一特殊阅读群体的日益关注以及多媒体阅读等新的阅读现象的出现，人们又提出了较为广义的早期阅读的概念。黄娟娟认为："早期阅读是指学前教育机构（幼儿园、托儿所）、家庭通过对婴幼儿提供与视觉刺激有关的材料（图书、图片、标志、文字、电视、录像、碟片、计算机多媒体等），让婴幼儿接受有关材料的信息，在观察、思维、想象等基础上对材料内容进行初步理解和语言表达，发表自己的观点、见解，倾听成人讲述的一种认知过程。"百度百科在特别关注早期阅读群体特质的基础上对早期阅读提出更为宽泛的定义，认为幼儿阅读不同于成人阅读：一方面，就阅读材料来说，幼儿阅读不仅仅局限于文字，图画、成人的语言都是他们阅读的材料；另一方面，就阅读形式来说，触摸书籍、听成人讲故事、自己复述故事、发表对故事的意见等都属于阅读的范畴。

笔者根据阅读材料以及阅读形式的不同，将以往研究中对早期阅读的定义归纳为三大类：一类是以阅读书面材料为主，主要依托视听觉进行的活动，这是狭义的阅读；一类对阅读材料、阅读形式都做了拓展，认为所有的视觉材料（图书、图片、标志、文字、电视、录像、碟片、计算机多媒体等）都可以称为阅读材料，阅读形式由单纯的视听觉拓展到语言表达，发表自己的意见、观点等；另外一类是广义的阅读，阅读材料和阅读形式进一步丰富，认为所有视觉、听觉材料等都可以是阅读的材料，触摸书籍、听成人讲故事、复述故事、发表对故事的意见、围绕故事进行的角色扮演游戏都属于阅读的范畴。

笔者在本书中认为，早期阅读是学前儿童凭借色彩、图画、文字、讲述者的语言等理解以图为主的低幼读物进而主动建构心理意义的过程，其形式呈现多元化，幼儿可以读书，即阅读各种不同形式的图书，如能操作的立体书、玩具书、布书等，也可以听成人讲故事、自己复述故事、发表自己对故事的意见，还可以是通过绘画、表演等形式对故事进行创造性表现。

第二节　早期阅读的重要意义

美国心理学家推孟在1959年展开了一项研究，该研究显示：44%左右的天才男童和46%左右的天才女童，在5岁之前就已经开始阅读了……早期阅读的各项研究及实践告诉我们，早期阅读影响幼儿的全面发展。首先，早期阅读有利于大脑的发育。早期阅读通过图文并茂的视觉材料给婴幼儿以积极的刺激，能够加快大脑神经组织的发育与成熟，促进幼儿思维的发展。其次，早期阅读有利于幼儿的认知发展。早期阅读材料所具有的以图片为主、形象生动的特点符合幼儿具体形象思维的特点，幼儿在阅读中，边联想，边思索，有助于幼儿注意力、观察能力、记忆能力、思维能力、想象能力以及语言能力的发展。再次，早期阅读有利于幼儿情感、个性的发展。一方面，早期阅读向幼儿打开了一扇认识世界的窗户，通过阅读，幼儿能够找到并稳定自己的兴趣倾向；另一方面，早期阅读通过形象生动的故事向幼儿传递一些基本的道德价值判断。最后，早期阅读是儿童成为成功阅读者的基础，同时也是儿童成为终身学习者的开端。1997年美国国家研究院的研究报告《预防阅读困难：早期阅读教育策略》指出：阅读能力是一个人获得学业成就和事业成功的重要基础。另一项研究也表明，早期阅读对未来的阅读能力和学业成就具有预测作用，被称为"终身学习的基础，基础教育的灵魂"。

第二章 幼儿早期阅读现状调查

找出问题所在才能对症下药。2014年9月，我们通过问卷调查、访谈、跟踪观察、开展自主阅读、组织阅读教学等多种方式对临朐县城关街道中心幼儿园460名幼儿做了早期阅读现状调查，结果如下。

第一节 幼儿自主选择阅读区阅读的人数及频次

2014年9月，组织全体教师对区域活动进行为期一周的扫描观察、阅读区定点观察，并对幼儿园三个级部12个班级幼儿的区域活动相关情况分别做了统计。小班、中班、大班三个级部一周内区域活动时选区人次分布情况分别如表2-1-1、表2-1-2、表2-1-3所示。从表中可以看出，一周内小班级部共有123人次选择建构区，46人次选择阅读区，97人次选择表演区，127人次选择桌面操作区，183人次选择角色区，127人次选择美工区；中班级部共有216人次选择建构区，52人次选择阅读区，121人次选择表演区，117人次选择益智区，131人次选择角色区，128人次选择美工区；大班级部共有279人次选择建构区，42人次选择阅读区，107人次选择表演区，137人次选择益智区，131人次选择角色区，114人次选择美工区。

表2-1-1 小班级部幼儿一周内区域活动时选区的人次分布

	建构区	阅读区	表演区	桌面操作区	角色区	美工区
周一	26	8	17	23	44	18
周二	27	11	24	20	36	24
周三	32	3	23	32	34	21
周四	17	12	15	24	38	28
周五	21	12	18	28	31	36
总数	123	46	97	127	183	127

表2-1-2 中班级部幼儿一周内区域活动时选区的人次分布

	建构区	阅读区	表演区	益智区	角色区	美工区
周一	43	12	18	25	26	26
周二	37	14	24	24	25	28
周三	38	2	26	18	26	27
周四	41	11	25	24	28	27
周五	57	13	28	26	26	20
总数	216	52	121	117	131	128

表2-1-3 大班级部幼儿一周内区域活动时选区的人次分布

	建构区	阅读区	表演区	益智区	角色区	美工区
周一	48	12	18	25	26	26
周二	58	8	20	34	25	28
周三	60	10	26	28	26	23
周四	56	3	25	24	28	17
周五	57	9	18	26	26	20
总数	279	42	107	137	131	114

第二节　幼儿每日亲子阅读时长及在亲子阅读活动中的主动性

为了解幼儿在家庭中的阅读情况，我们做了幼儿亲子阅读问卷调查。本次调查发放问卷460份，回收460份，回收率100%，且无无效问卷。根据统计结果，294名幼儿每日阅读时间不足10分钟，占全园幼儿的64%，92名幼儿每日阅读时间在10～20分钟，占全园幼儿的20%，48名幼儿每日阅读时间在20～30分钟，占全园幼儿的10%，26名幼儿每日阅读时间在30分钟以上，占全园幼儿的6%。幼儿每日亲子阅读时长区间统计情况如表2-2-1所示。

表2-2-1 幼儿每日亲子阅读时长区间人数统计

	10分钟以内	10～20分钟	20～30分钟	30分钟以上	合计
小班级部	99	32	15	5	151
中班级部	111	28	7	6	152
大班级部	84	32	26	15	157
合计	294	92	48	26	460

幼儿在亲子阅读活动中的主动性情况，具体如下："不听家长讲故事，自己玩自己的"完全符合的有44名幼儿，比较符合的有92名幼儿，基本符合的有101名幼儿，较不符合的有70名幼儿，完全不符合的有153名幼儿，分别占全体幼儿的10%、20%、22%、15%、33%；"家长讲故事的时候，在那乱动"完全符合的有226名幼儿，比较符合的有84名幼儿，基本符合的有79名幼儿，较不符合的有35名幼儿，完全不符合的有36名幼儿，分别占全体幼儿的49%、18%、17%、8%、8%；"听故事时，经常溜号"完全符合的有96名幼儿，比较符合的有121名幼儿，基本符合的有83名幼儿，较不符合的有86名幼儿，完全不符合的有74名幼儿，分别占全体幼儿的21%、26%、18%、19%、16%；"看书的时候不按顺序看，乱翻书"完全符合的有265名幼儿，比较符合的有77名幼儿，基本符合的有35名幼儿，较不符合的有29名幼儿，完全不符合的有54名幼儿，分别占全体幼儿的57%、17%、8%、6%、12%。（表2-2-2）

表2-2-2 幼儿在亲子阅读活动中的主动性情况

	完全符合	比较符合	基本符合	较不符合	完全不符合
不听家长讲故事，自己玩自己的	44	92	101	70	153
家长讲故事的时候，在那乱动	226	84	79	35	36
听故事时，经常溜号	96	121	83	86	74
看书的时候不按顺序看，乱翻书	265	77	35	29	54

第三节　幼儿阅读时注意力集中时间

为了解幼儿阅读时注意力时间的长短，我们以班级为单位在各班级设计组织了一次自主阅读活动。以下是当天437名幼儿的自主阅读情况：阅读开始时，437名小朋友均能集中注意力；3分钟后，244名幼儿能够专注阅读，192名幼儿开始出现乱翻书的现象，1名幼儿出现开小差、无所事事的现象；5分钟后，134名幼儿能够专注阅读，281名小朋友出现换书行为，17名小朋友换书频繁，5名小朋友出现开小差、无所事事的现象；10分钟后，20名幼儿能够专注阅读，300名小朋友出现换书行为，73名小朋友频繁换书，44名小朋友出现开小差、无所事事的现象。本次自主阅读活动中随着时间的推移幼儿注意力情况详如2-3-1所示。

表2-3-1 自主阅读活动中幼儿的注意力情况

	开始时	开始后3分钟	开始后5分钟	开始后10分钟
专注阅读	437	244	134	20
乱翻书、换书	0	192	281	300
频繁换书	0	0	17	73
开小差、无所事事	0	1	5	44

为进一步了解幼儿的创造性表现水平,我们在幼儿园大中小三个级部,根据年龄段特点,选取不同的作品,以班级为单位组织了早期阅读活动。大班级部设计的早期阅读活动是《龟兔第二次赛跑》。在大一班执教过程中,13名幼儿能自主设计不同的情境、使用不同的工具,让龟兔第二次赛跑的结局充满意外;18名幼儿思维打不开,基本上是重复其他小朋友的答案;7名小朋友显得茫然不知所措。当鼓励幼儿尝试将《龟兔第二次赛跑》自制成图书时,11名幼儿能够很快独立完成,24名幼儿需要仿照其他幼儿作品完成,3名幼儿无所适从、不知从何处下笔。当我们将故事作品搬上舞台时,除了乌龟、兔子、裁判外,大部分幼儿想象不出故事中还可以加入什么角色,仅有三两名幼儿说还可以有小花、小草。

第三章　幼儿早期阅读存在的问题
及原因分析

第一节　幼儿早期阅读存在的问题

一、幼儿自主选择阅读区人数少，频次低

　　从第二章幼儿早期阅读现状调查情况来看，无论是小班、中班抑或大班，一周内自主选择阅读区的人次远远低于选择其他区域的人次。大二班一周内区域活动时选区人次分布情况如表3-1-1所示，通过此表可以看出：大二班幼儿选择阅读区作为活动区域的一周仅为10人次，相比其他区域而言，人次少，频次低，阅读区明显是一冷门区。

表3-1-1　大二班幼儿一周内区域活动时选区的人次分布

	建构区	阅读区	表演区	益智区	角色区	美工区
周一	17	2	8	5	6	6
周二	20	4	10	4	5	8
周三	20	0	6	8	6	7
周四	16	1	5	4	8	7
周五	17	3	8	6	6	10
总数	90	10	37	27	31	38

　　在观察幼儿阅读的过程中，我们还发现了一个引人深思的现象：愿意选择阅读区作为活动区活动的幼儿基本上都是固定的那么几个人。比如，从大二班幼儿一周内选择阅读区活动的幼儿名单（见表3-1-2）可以看出：本周选择阅读区活动的10人次当中，TKY占了3人次，CXY、CXF各占了2人次。由此可以推断：大部分幼儿不喜欢进入阅读区活动，选择进阅读区活动的平均每天2人次，而且基本上都是固定的幼儿。也就是说该班级38名幼儿，仅有三名幼儿愿意选择阅读区活动。

表3-1-2 大二班幼儿一周内选择阅读区活动的幼儿名单

	周一	周二	周三	周四	周五
1	GMC	TKY		TKY	TKY
2	ZJX	CXY			CXY
3		CXF			CXF
4		GYX			
5	2	4	0	1	3

二、幼儿每日亲子阅读时间短，主动性差

根据问卷统计结果，幼儿园460名幼儿中每日阅读时间不足10分钟的占全园幼儿的64%，仅有9%的幼儿每日阅读时间在30分钟以上，充分说明幼儿每日阅读时长短。而且在阅读活动中与"不听家长讲故事，自己玩自己的"选项完全符合的、比较符合的幼儿占全体幼儿的30%，"家长讲故事的时候，在那乱动"完全符合的、比较符合的幼儿占全体幼儿的67%，"听故事时，经常溜号"完全符合、比较符合的幼儿占全体幼儿的47%；"看书的时候不按顺序看，乱翻书"完全符合、比较符合的幼儿共占全体幼儿的74%。一个个严峻的数字表明，亲子阅读中幼儿主动性差，很大比例的幼儿处于被动接受的状态或者说是游离于故事之外。

三、幼儿阅读时集中注意力时间短暂

在对幼儿进行的自主阅读监测活动中，3分钟后，192名幼儿开始出现乱翻书的现象；5分钟后，281名小朋友出现换书行为，其中，17名小朋友换书频繁；10分钟后，仅有20名幼儿能够专注阅读，300名小朋友出现换书行为，73名小朋友有频繁换书的现象，44名小朋友出现开小差、无所事事的现象。可见，随着时间的推移，大批量的幼儿出现频繁换书、开小差、无所事事等现象，44%的被测幼儿专注阅读时间不超过3分钟，69%的被测幼儿专注阅读时间不超过5分钟，96%的被测幼儿专注阅读时间不超过10分钟，而专注阅读时间超过10分钟的幼儿仅占全体被测幼儿的4%。可见，幼儿自主阅读过程中的集中注意力时间明显不足，专注阅读形势严峻。

四、幼儿阅读中创造性水平较低

在以班级为单位组织的早期阅读活动中，大部分幼儿停留在单纯欣赏故事的阶段，是一个较为被动的倾听者，没有做到与故事的有效互动。如上文《龟兔第二次赛跑》阅读教学活动中，18名幼儿思维打不开，基本上是重复其他小

朋友的答案，7名小朋友显得茫然不知所措。在自制成图书时，24名幼儿需要仿照其他幼儿作品完成，3名幼儿无所事事、不知从何处下笔。在故事表演前的讨论中，除了乌龟、兔子、裁判外，大部分幼儿想象不出故事中还可以加入什么角色，而且在具体的表演过程中，不能够灵活调整语言以生成新的情境。

第二节　幼儿早期阅读存在问题的原因

一、幼儿园缺少专门的早期阅读课程

幼儿园采用山东省省编课程，没有专门的早期阅读课程，一周内早期阅读集体教学不足一节，班级的阅读活动主要依靠阅读区开展，而阅读区基本上又无人问津，因此，阅读时间远远不够。有时，教师会在过渡环节与幼儿分享一些绘本故事，但是在选材上存在较大的随意性，班级三名教师均是根据自己的喜好从阅读区中随意选择一本与幼儿分享，不考虑作品的价值以及对幼儿的适宜性，教学方式较为单一，基本上是教师借助实物投影仪讲给幼儿听，其间也会有师生问答。幼儿园有没有开设专门的早期阅读课程，很大程度上决定了早期阅读开展是否有适宜的土壤，包括教师、家长等的重视程度，幼儿园的图书配备等也都会对早期阅读课程的开展产生影响。

二、教师对幼儿早期阅读在认识上有误区

统观幼儿园班级阅读区的创设，不难发现，各个班级阅读区基本都是在固定的位置，环境创设也基本大同小异：两个塑料书架以及一面墙共同围起了一个半封闭式的区域，墙面上贴有阅读区规则"排队依次选书、眼睛认真看、小嘴巴不讲话、看完后将图书放回原来的位置"。从阅读材料投放以及阅读规则来看，幼儿早期阅读内容不丰富，阅读形式较为单一。为进一步了解相关情况，笔者分别抽取大中小班的各四名教师进行访谈。访谈中发现大部分教师对早期阅读定位有偏差，认为早期阅读就是孩子安安静静地看书，"小嘴巴不讲话"是必不可少的阅读规则。在被问及除了看书，还有没有其他阅读方式的时候，仅有一名教师试探性地回答，听故事应该也算阅读的一种方式，但是由于幼儿注意力较容易分散，听故事这种阅读形式在幼儿园很难实现，而比较适合在家中开展。可见，教师对幼儿早期阅读理解不到位，忽视了幼儿的身心发展规律和阅读特点。

三、教师早期阅读教学方法枯燥乏味

通过观摩大班、中班教师开展的两次阅读教学，笔者了解到该班教师在组织早期阅读教学方面存在一定问题，主要表现在教学方法枯燥乏味，多采用"教师讲—幼儿听—师生问答"，教学内容流于表面，较为浅显，缺少对作品内容的深层次挖掘以及创造性解读。而且，教师一问到底，提问问题厘不清哪些是关键问题、哪些是无效问题，过多地提问大大降低了文学作品的美感。在大班教师B组织的故事教学《不要随便摸我》活动中，教师共设计提问16次。其中，导入环节，教师为了引出隐私部位的话题，采用了图片导入的方法，让幼儿观察穿着泳衣的男孩和女孩，教师设计提问——"他们穿着什么？泳衣有什么区别"，第一个提问为无效问题，因为每个孩子都知道是泳衣，第二个问题则是提问方式有问题，孩子大多从颜色、花式上回答，"颜色不一样""小女孩的泳衣上有花""小男孩的泳衣上有条小狗""小男孩的泳衣是短裤，小女孩的泳衣是裙子"，教师提问不到位，导致幼儿思考及回答发生了偏离。接着教师出示另一张图片，设计提问——"晚上，要睡觉了，妈妈在和吉米聊天，他们会聊些什么"，对于这个提问，大部分幼儿显得茫然无措，不知如何做答，在教师的再三逼问以及点名要求回答下，有的幼儿则乱说一通，此时，时间已经过去六分钟，故事教学还未真正切入正题。由此来看，教师专业素养较为缺乏，设计和组织故事教学的能力比较欠缺。

四、家园协调育人机制的缺失

家长在幼儿早期阅读兴趣培养中发挥着重要的作用。苏霍姆林斯基说："教育的效果取决于学校家庭的一致性，如果没有这种一致性，学校的教学、教育就会像纸做的房子一样倒塌下来。"幼儿园、家庭之间没有建立协调育人机制，幼儿园早期阅读和家庭早期阅读不能同步进行，幼儿入园三年来，幼儿园组织过无数次的亲子半日活动，但是没有一次属于亲子早期阅读。开家长会的时候虽然教师经常强调早期阅读的重要性，倡导家长陪伴幼儿阅读，但是，缺少督促措施的跟进，以至于倡导无效。家长在指导幼儿阅读上存在明显的功利性。很多家长在早期阅读方面仍然存在错误的认识。在访谈中，部分家长仍把识字作为早期阅读的重要目标，在陪读的过程中，经常要求幼儿指读，忽视对图书内容的关注，还有少部分家长在选择图书时倾向于选择字多图少的图书，认为图画没有多大用处，忽视了幼儿的身心发展规律和阅读特点。幼儿园没有关注家长在早期阅读专业性上的提升，没有及时给予观念上的引导和方法上的具体指导，不能有效推进幼儿亲子阅读。

第四章　幼儿园故事教育概述

第一节　故事教育相关概念界定

一、故事

汉语中"故事"这个词的本来意义是"过去的事"，英语中的故事"story"一词的意义则极为广泛，它的主要意思有：①过去的事情、历史、经历、阅历；②表示事情，包括想象的和真实的；③小说、戏剧等的情节，主要的意思是"过去的事情"。国外研究者在描述故事的组成要素时，认为一般包括故事起始、中间和结尾。也因此，一些学术文章中会将"故事"与"叙事"进行交换，二者等同使用。

《现代汉语词典》中对于"故事"的解释，指具有连贯性，能够吸引人、感染人的真实或者编造的用作讲述对象的事情。

笔者认为，故事是一个事情发生发展的过程，可以是真实发生的事，也可以是虚构的；它可以源于图画书，也可以产生于人们的日常生活，但不管是何种形式的故事，它都是通过叙事来说理，让读者在阅读的过程中，明白事情的经过，懂得一定的道理。

二、故事教学

《幼儿教育辞典》指出：故事教学是以儿童文学作品中的故事为内容进行的教学。于婷慧认为，幼儿园故事教学是指在语言教育中，用文学活动的途径，以童话和生活故事为活动内容，教师按照活动的设计组织儿童有效参与的集体双边活动。周晴认为，幼儿园故事教学，是在幼儿园中，以儿童故事为教学内容，以儿童对故事的理解为核心，教师与幼儿共同参与下的对故事进行欣赏、分析、讨论等的活动，区域活动、集体教学是两种主要的活动形式。孙文娟认为，故事讲述、故事表演也是幼儿园故事教学的重要内容。

虽然各研究者对幼儿园故事教学的定义在表达上有一定差别，但基本上是一致的，认为幼儿园故事教学是以故事为介质进行的相关活动。笔者在此基础上对故事教学活动形式做了进一步拓展，认为：幼儿园故事教学是围绕故事这一儿童文学作品形式展开的所有教学活动。它通过看故事、听故事、讲故事、画故事、演故事，以及各种形式的故事仿编、续编、创编活动等一系列方式来完成教学，具有一定的趣味性、参与性和合作性。然而，幼儿园一日活动皆课程，幼儿园故事教学不单指以上课为基本模式的集体教学和小组教学，还包括教师可以调动的一切有利于提升故事教学效果的因素，如区域活动以及家园共育等。

三、故事教育

本书认为：故事教育，是以故事这一种儿童文学体裁为媒介，以教学为基本形式，对受教育者进行的教育，旨在发展受教育者两方面的能力。一是，通过受教育者与故事的互动，发展其阅读理解与表达能力；二是，通过故事明理，让受教育者获得一定的启发，从而受到教育。

第二节　故事对幼儿发展的价值

布鲁纳认为儿童的口语叙事有着天然的动机。他认为"从儿童学说话开始，他们就有着叙事的冲动和需要，并且具备着一定程度的叙事能力"，儿童"似乎从一开始就拥有某种关于叙事的素质，拥有某些核心知识"。莫顿也认为一旦儿童略知其然，他们便会教导他自己的玩具熊；会一边游戏，一边喃喃地叙述自己在干什么，也会叙述自己长大以后想要干些什么；会观察周围人的动作，并询问一些内容。这些研究客观上揭示和说明了儿童天生有叙事的本能，这种本能驱动着儿童在早期生活中进行自发的叙述和表达。而故事作为儿童叙事的重要内容，具有涉猎领域广泛、活动形式灵活多样、创设意境极富感染力等特点，符合幼儿的身心发展规律和阅读特点。在幼儿园开展形式多样的故事教学，有助于培养幼儿的早期阅读兴趣，改善幼儿阅读现状。

一、故事涉猎领域广泛，能满足幼儿的多种发展需求

《3～6岁儿童学习与发展指南》（以下简称《指南》）以为幼儿后继学

习和终身发展奠定良好的素质基础为目标，以促进幼儿体智德美各方面的协调发展为核心，从健康、语言、社会、科学、艺术五个领域描述幼儿的学习与发展。

故事的种类繁多、涉猎领域广泛。健康领域有《生气汤》《菲菲生气了》《我变成一只喷火龙了》《情绪小怪兽》等情绪管理方面的故事，帮助幼儿认识并及时排解不良情绪，做情绪管理的主人；有《小熊不刷牙》《好脏的哈利》《眼镜公主》《我绝对绝对不吃番茄》《肚子里有个火车站》《食物巴士》《别让鸽子太晚睡》等生活习惯培养方面的故事，能够帮助幼儿养成讲卫生、早睡早起、爱护眼睛、合理饮食等良好的生活习惯。语言领域有《一园青菜成了精》《小猪奴尼》《老鼠嫁女儿》等诗歌类故事，帮助孩子在作品创设的丰富情境里感受诗歌的魅力，有艾瑞·卡尔《袋鼠也有妈妈吗》《拼拼凑凑变色龙》《爸爸，我要月亮》《棕色的熊，棕色的熊，你在看什么》等情节上一重反复、两次反复、峰回反复、环形反复的故事，吸引幼儿去探究故事的逻辑结局，感受故事重叠复沓的情节结构和语言意境。社会领域有《皮特猫系列》《你看起来好像很好吃》《扁扁嘴和尖尖嘴》《敌人派》《我有友情要出租》《狐狸爸爸鸭儿子》《石头汤》《没有耳朵的兔子》等人际交往、社会适应方面的故事，能够帮助幼儿正确认识自我，树立自信心，学会正确地与人交往。科学领域有《是谁嗯嗯在我的头上》《你不知道的三个朋友》《一粒种子的旅行》《我是天气预报员》《讨厌肉讨厌肉》《小水滴旅行记》等科学启蒙类的故事，能够帮助幼儿认识自然万物的生长规律，萌发对科学的喜爱；有《蚯蚓叔叔的袜子》《蜘蛛的糖果店》《首先有一个苹果》《点点点》《一寸虫》《地下一百层的房子》等数学认知类的故事，帮助孩子初步了解规律、概率、排列、数量、位置等数学概念，感知数学的有用和有趣。艺术领域有《落叶跳舞》《彩虹色的花》《小黄和小蓝》《和甘伯伯去游河》《勇敢做自己》《好饿的毛毛虫》等艺术表现形式极强的故事，帮助孩子在故事中感受树叶粘贴、水粉、撕纸、油画、线条、拼接等不同的图书创作形式。故事涉猎领域广泛，能够满足幼儿多元需求，促进幼儿全面协调发展。

二、故事创设的意境，对幼儿具有强大的吸引力

故事有错综复杂的情节、梦幻的色彩……其创设的情境可以满足幼儿好奇、探究的心理诉求，对幼儿具有很强的吸引力。故事《猜猜我有多爱你》中大兔子和小兔子之间互相比试谁更爱谁的情节，为幼儿创设了暖暖的母爱意境，激发了幼儿的阅读兴趣；故事《蜘蛛和糖果店》通过创设蜘蛛猜测每个来

糖果店的人会买什么糖果以及为糖果店阿姨选购糖果的情境,吸引着幼儿继续读下去;故事《小青虫的梦》在最后通过创设小青虫破茧成蝶之后和着音乐翩翩起舞的优美意境,给小读者带来意外惊喜,让孩子们百看不厌……

三、故事活动形式灵活多样,符合幼儿的阅读规律和学习特点

单一的安静阅读的教学形式与幼儿的身心发展特点相违背,而故事具有情境性,可看可听可讲可画可演,活动形式灵活多样,符合幼儿的阅读规律和学习特点,也为教师以此为素材开展多种形式的教学提供了可能。如在进行《没有牙齿的大老虎》故事教学中,教师可以发给每位幼儿一本图画书,引导幼儿自主阅读;也可以在中间穿插播放故事音频,引导幼儿有效倾听;还可以提供故事发生发展的脉络图引导幼儿讲讲其中的故事情节。在幼儿理解故事内容后引导幼儿用语言或者绘画的形式对故事进行续编或者改编,当幼儿对故事有了深刻体验的时候,教师可引导幼儿自主选择角色进行故事表演。灵活多样的活动形式,实现了故事和幼儿的有效互动,能够更大程度地激发幼儿参与阅读活动的兴趣。

此外,故事中蕴含着丰富的元素,如主题、内容、情节、意境、语言、画面、人物角色、创意设计等,这些元素往往能够在不经意间吸引孩子并引发孩子与之互动,甚至生成更加丰富、多元的活动。如幼儿在阅读绘本故事《让谁先吃好呢》时,可能会对测量感兴趣,进而引发对测量工具、测量方法等的兴趣,获得科学领域的发展;还可能对"到底让谁先吃好呢"这一话题感兴趣,引发幼儿之间的辩论,进而引发孩子对排序、比较等探究的兴趣。再如,幼儿在阅读绘本故事《小蓝和小黄》时,可能对绘本中的主题——朋友间的友谊感兴趣,从而愿意去结交朋友并乐于向同伴介绍自己的好朋友,这期间孩子的人际交往、语言表达能力能得到锻炼;孩子还可能对《小蓝和小黄》绘本撕纸的这种创意设计以及转圈圈、躲猫猫、整整齐齐排排坐、穿越隧道等故事中的情节感兴趣,从而引发孩子用撕纸创意表现游戏情节的愿望;孩子还可能对色彩的融合等产生进一步的探究兴趣。又如,幼儿在阅读绘本故事《咕噜牛小妞妞》中,可能对故事中的"影子"这一元素感兴趣,从而引发孩子开展健康活动"形影相随"、科学活动"影子跑了"、表演活动"皮影戏"等系列游戏活动;孩子还可能对小妞妞寻找大老鼠途中遇到的四个小动物感兴趣,愿意用涂鸦、绘画、泥塑、剪纸、拼插、搭建等多种方式进行创意表征。

第五章　故事教育课程构建与实施的三个阶段

第一节　阅读区试点——让阅读区动起来
（2014年2月～2015年7月）

2014年2月，我们发现，不管是自己的园所，还是外出观摩，几乎所有的幼儿园阅读区都形同虚设，无人问津。发现这个问题后，我们组织教师利用定点观察的方式对全园所有班级的阅读区阅读情况做了调查。据统计：6%～12%的幼儿会经常光顾阅读区；75.84%的幼儿专注阅读时间不超过10分钟；91.62%的幼儿看完一本书只需要半分钟的时间，幼儿园阅读区阅读陷入窘境。到底是什么原因呢？通过长达半年的实践研究，我们发现，导致这一现象最重要的原因就是对"幼儿阅读"和"成人阅读"两个概念的混淆，存在片面强调鸦雀无声的阅读规则以及单一的看的阅读形式两个问题。在成人阅览室，我们大多会看到这样的标语——"心灵的沟通不需要过多的言语""手机和嘴巴请尽量保持静音状态"等，同时，我们还将这些成人的阅读规则不加思索地带到了孩子的世界，结果，幼儿园阅读区约定俗成似的都有类似这样的一条规则："不说话，安静看"，因此，我们常常会听到这样的声音："你俩在那嘀咕什么""认真看""不许讲话""保持安静"……过分强调鸦雀无声的结果就是在关上孩子嘴巴的同时，也关上了孩子喜爱阅读的心。更为重要的是，单一的看的阅读形式不仅与幼儿的身心发展规律相违背，而且满足不了幼儿对阅读更多体验的需要。

虞永平教授说，"儿童的阅读水平与其身心发展水平密切相关，要从儿童的发展出发，确定和调整儿童阅读的内容和方式"。受此启发，我们打破鸦雀无声的阅读规则，将阅读区变静为动，并进一步将"阅读区"划分为动态展示区、操作区、听觉区、静态阅读区等四个功能区。其中，操作区又包括自制图书、图书医院、展览区等。丰富的活动内容，让孩子可说可写可画可演，从而更有兴趣、更持久地投入阅读活动（见图5-1-1）。

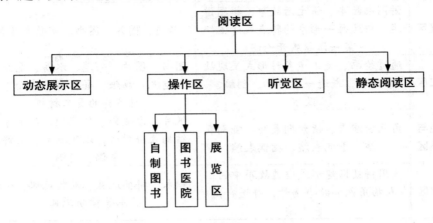

图5-1-1 阅读区域划分

2014年10月，随着区域活动时选择阅读区的人数逐渐增多，我们逐步将阅读区的内容拓展到各个区域当中。如在美工区可以用手工或者绘画的形式再现、仿编、续编、改编、创编故事；在角色与表演区可以进行角色装扮、故事表演等，并将阅读区调整为语言区，进一步区隔为阅读区、听赏区、讲述区，满足孩子多种阅读需求。

2015年2月，精彩纷呈的阅读活动越来越受孩子喜爱，鉴于多元阅读带给孩子的发展价值，幼儿园将阅读活动与其他区域活动做了区分，规定每天下午起床后的半小时为阅读活动时间，孩子们可以选择用自己喜欢的方式进行创意阅读活动。为了满足孩子的活动需求，我们将区域简单划分为阅读区、听赏区、讲述区、美工区、角色与表演区、搭建区。具体的区域划分及材料投放如表5-1-1所示。之所以要保留搭建区，是因为教师在观察幼儿阅读活动的过程中发现，幼儿会自发生成拼插、搭建故事角色形象的行为。经过长期的实践，我们发现我们的做法是正确的。

表5-1-1 阅读活动区域划分暨材料投放

区域	区域活动内容	材料投放
阅读区	看图书以及阅读多种多样的阅读材料	图书、自制图书、幼儿画报
听赏区	利用播放器、点读笔等媒介听故事	点读笔、点读贴、播放器、电脑

区域	区域活动内容	材料投放
讲述区	讲图书故事、讲生活故事、排图讲述、讲述每一形象的特点或者围绕某一话题展开论述	话筒、图片、图书、实物或照片
美工区	通过绘画、美工等多种形式呈现故事内容，或进一步仿编、创编、改编	图书、图片、彩笔、水粉、毛线、太空泥、画纸、蛋糕盘、扇面等多种多样的美工材料
角色与表演区	角色扮演秀、情景剧表演、哑剧表演、手偶表演、指偶表演	纸片、方便袋、包装袋、丝巾等低结构装扮材料，以及剧本、头饰、手偶、指偶
搭建区	用拼插搭建形式塑造故事中的人物角色和故事场景，并进行角色表演	积木、拼插玩具、动物玩偶、小汽车等辅助玩具

第二节　故事教学方法提炼——"五位一体"玩转阅读（2015年8月～2017年9月）

意大利著名幼儿教育学家蒙台梭利说："我听了，我忘了；我看了，我知道了；我做了，我明白了。"在阅读区的变革实践中，多元化阅读方式对幼儿阅读有很大的促进作用，因此，我们尝试在教学方法上做突破，以孩子喜欢的故事为依托，以创新阅读形式为突破口，融看、听、讲、画、演五位于一体，通过打开幼儿的多种感觉通道，让孩子在看看、听听、讲讲、画画、演演的过程中，形成对作品的立体感知，从而爱上故事，深化阅读。这种多元的阅读教学方法叫作"五位一体"故事教学法，其流程如图5-2-1所示。

通过不同形式的广泛"看""听"进行故事输入，在梳理整合的基础上进行"讲""画""演"的输出。在输出的同时，孩子很可能会对故事有新的体会和认知，从而重新去看故事，要求成人讲更多的故事，达到"知识重构、螺旋上升"的效果。

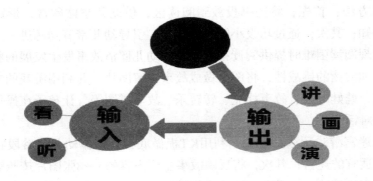

图5-2-1　"五位一体"故事教学流程图

一、看故事

看故事主要是通过阅读故事图书以及故事分解图片来进行的。看故事的具体方法如图5-2-2所示，我们以《星星警察》为例（见图5-2-3）。

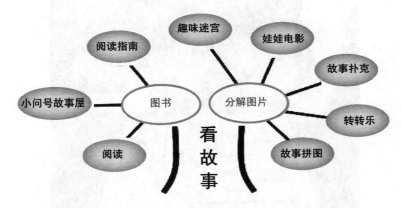

图5-2-2　"看故事"知识树

图5-2-3　《星星警察》

具体方法：首先，将图书投放到阅读区，供幼儿整体欣赏，形成对图书的初步感知；其次，通过巧设小问号故事屋，引导幼儿带着问题进一步理解故事，当出现阅读困难时提供阅读指南，帮助幼儿厘清故事发生发展的脉络。紧接着，增加阅读的挑战性，将图书做成故事分解图片，并利用游戏的方式，如趣味迷宫、娃娃电影、故事扑克、转转乐、故事拼图等，让孩子在操作中实现与故事的对话。

　　趣味迷宫游戏玩法：首先，利用KT板做底板，根据幼儿年龄段特点，做一个难度适宜的迷宫；其次，将反映故事主要内容的5～8张图片按照顺序排列在迷宫的正确道路上；最后，让孩子们通过"剪子、包袱、锤"的形式，尝试走迷宫（见图5-2-4）。孩子在走迷宫的过程中，将自己置身于故事情境中，能够切实感受故事发生发展的脉络。（可创设故事情境，如小朋友要开车回家或去游乐场玩，需要经过一座迷宫，途中有好多故事图片，需要小朋友看一看并讲一讲故事情节发展，才能成功到达目的地。）

图5-2-4　趣味迷宫

　　娃娃电影游戏玩法：利用废旧纸箱及黑色卡纸制作娃娃电影列车，并标注车厢。让幼儿通过排排、插插将电影呈现出来。不同的排列顺序会生成一个不同的故事（见图5-2-5）。孩子们喜欢自己参与创作的故事并乐于将其分享给同伴听。

图5-2-5　娃娃电影

故事扑克游戏玩法：将故事分解图制作成故事扑克，打乱顺序，两个幼儿人手一份轮流按顺序摆放扑克并讲述扑克上面的故事图片内容，进行开火车的游戏（见图5-2-6）。

图5-2-6　故事扑克

转转乐游戏玩法：将故事分解图做成转动起来的立体图书，张贴上幼儿较为熟悉的故事图片（见图5-2-7）。游戏采用沙漏计时的方法，开始时幼儿玩猜拳游戏，赢的幼儿可转动一面并阅读画面内容，然后再通过猜拳决定先后顺序，游戏反复进行，待到全部阅读完一个故事之后，将故事分解图片取下，按顺序排好，在立方体上更换另外一个故事的分解图片，游戏继续进行。待沙漏中的沙全部流尽，游戏结束，阅读故事内容多的一方获胜。为了让阅读留痕，幼儿阅读的时候，可以引导幼儿将阅读内容分享给同伴。

图5-2-7　转转乐

故事拼图游戏玩法：将绘本故事打印成图片，把故事图片分解进行四等份、六等份或者八等份，后面标好数字，做成拼图（见图5-2-8）。幼儿可以按照后面的数字提示进行拼摆，也可以自己拼摆。在拼摆的过程中，需要有效提取故事线索才能完成拼图，游戏的挑战性将进一步激发幼儿的认知兴趣。

图5-2-8　故事拼图

只要老师们心中有孩子，善于观察孩子的兴趣、需要，并能够以一种研究的态度来对待教学，那么我们会创造出更多好玩的游戏。

二、听故事

孔子曰："不愤不启，不悱不发。"孩子们经过了前期的看，或多或少会对某个画面存在疑惑或理解片面等，此时，便自然而然需要"听"来帮忙。

听，主要是通过成人讲幼儿听、借助媒介两种途径。其中成人讲幼儿听又具体包括故事爸妈进区域、故事爸妈进课堂、亲子睡前故事、幼儿园睡前一刻钟故事、××老师讲故事，借助媒介又包括播放器听赏故事、点读笔听故事等。听故事具体方法如图5-2-9所示。

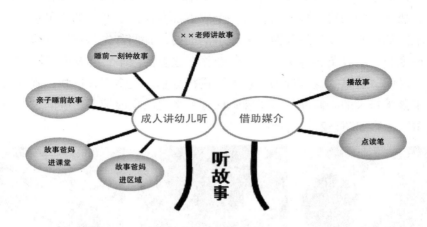

图5-2-9 "听故事"知识树

故事爸妈进区域（见图5-2-10）、故事爸妈进课堂（见图5-2-11）比较灵活，家长可根据自己的时间，本着自由自愿的原则报名参加，走进区域每次人数控制在4人以内，走进课堂每次只能允许一个家庭。

图5-2-10 故事爸妈进区域

图5-2-11 故事爸妈进课堂

亲子睡前故事，也叫作"八点半枕边故事"。一方面，为家长推荐相关睡前故事，另一方面，发挥家长力量，家园同步，发动家长每天搜集分享优质故事资源并安排时间进行亲子阅读。一家人围绕同一个话题一起思考和诉说，一起为同一个有趣的故事而开怀大笑，一起体验书本中跌宕起伏的情节，共同享受幸福的阅读时光，让孩子在不知不觉中接受到语言的熏陶。此时家长可适当地提问或讲解，让孩子通过看和说来表达对绘本中事物的看法，从中培养幼儿的语言表达能力。家长是孩子的启蒙老师，也是相伴一生的朋友，陪孩子一起读书、讲故事，津津有味地品味着一个个精美的故事，这是一件很幸福且温馨的事，故事里的人物形象鲜明，每一个故事都会在孩子幼小的心灵里涂上重重的一笔。如在进行《蚂蚁和西瓜》故事活动前，我们首先将主题内容发送给家长，请家长广泛收集各种关于"团结合作"之类的故事，在晚间"八点半枕边故事"时间，通过"孩子读书微信群"进行分享。很多家长反映，晚间故事已经成了孩子每天的必修课，孩子晚睡的坏习惯也随之改掉了。晚间"八点半枕边故事"掠影如图5-2-12所示。

图5-2-12　晚间"八点半枕边故事"掠影

　　播放器听赏故事和点读笔听故事既给了孩子一根辅助阅读的拐杖，或者说为孩子阅读搭建了一个鹰架，同时又在一定程度上解放了老师和家长。我们知道老师不能时时刻刻陪读在阅读区，很大一部分家长根本抽不出时间和孩子阅读。曾有一位做教师的幼儿家长非常激动地跟我说："老师，非常感谢幼儿园长期以来开展的阅读活动，孩子很喜欢阅读，平时我和孩子的爸爸工作忙，经常不能陪孩子，我就学着幼儿园的做法，给孩子买了一支点读笔，孩子现在才5岁半，通过天天听故事，现在已经会讲《西游记》《米小圈上学记》等故事了。"由这一个小小的案例可以看出，孩子听得多了自然而然就会讲了。

游戏玩法：播放器听赏故事，即利用手机、蓝牙、播放器，或者优盘，将故事内容输出，幼儿自由选择故事，边听故事录音边翻看图书（见图5-2-13）。

图5-2-13　播放器听赏故事

游戏玩法：点读笔听故事，即将点读笔和配套教材结合使用，录制幼儿讲述的故事，用点读笔实时点读，听故事。对于没有配套点读包的图书，可以自己讲述故事并用点读笔录音。有时一个故事上会贴有多个录音贴，这代表有多个幼儿讲述过该故事。为了把自己讲述的故事和别人的区分开来，孩子在录音贴附近自主设计了类似二维码一样的图符。孩子们反复听不同小朋友讲述的故事，对故事的理解会更深一步（见图5-2-14）。

图5-2-14　点读笔听故事

当孩子们在看看、听听的过程中产生足够的阅读兴趣时，我们便可"借机"生成集体教学活动，即有效整合的环节。它大致分为导入、分段欣赏故事、整体欣赏故事、拓展延伸四个流程。

《眼镜哪去了》故事教学，以手偶表演导入（见图5-2-17），首先通过让小熊说话，引发幼儿的活动兴趣，接着是分段欣赏故事（见图5-2-18），其中我们运用了挂图辅助、图幅记录、点读笔实时点读等手段帮助幼儿理解并记忆故事内容。然后是整体欣赏并复述故事（见图5-2-19）。我们先是让孩子利用自制图书尝试自己讲述故事，然后提供点读笔帮助幼儿有效回忆并重点学习角色对话。最后是表演故事（见图5-2-20），孩子用表演的形式表达自己对作品的立体感知。

图5-2-17　手偶表演导入

图5-2-18　分段欣赏故事

图5-2-19　整体欣赏并复述故事

图5-2-20　故事表演

三、讲故事

当孩子对故事有了综合把握之后，再以讲讲、画画、演演的形式进行"多样输出"。讲，主要是通过讲单个句子、单幅画面讲故事、轮流讲故事、讲整个故事四个难度层次来设计的。其中，单幅画面讲故事可根据具体情境采取故事开火车、小兔跳跳跳、故事小摸箱、摘苹果、故事转盘、故事棋等方式。游戏的讲述方式，增加了孩子表达表述的愿望。讲故事具体方法如图5-2-15。

图5-2-15　"讲故事"知识树

故事开火车游戏玩法：如在小班《小兔孵蛋》故事活动中，为幼儿提供故事卡片一副（上面标有序号）、开火车音乐磁带、录音机等，幼儿每人抽取一张故事图片卡，围坐成大圆，抽到故事名称的幼儿做火车头，音乐响起时做火车头的动作前行。音乐停止时，火车停下，接着按故事图片的顺序，由拿下第一张故事图片卡的幼儿站起来说出图片上的内容，说对后跟在火车头的后面做车厢，音乐响起，火车继续前进（见图5-2-16）。

图5-2-16　故事开火车

小兔跳跳跳游戏玩法：创设小兔子回家的情景，可以2～3个小朋友一起玩，孩子们先掷色子，摇到几，就向前跳几步，每个格子里都有不同的挑战，如故事、字卡、古诗配画等，如果跳到的地方有故事图片，就需要讲出故事（见图5-2-21）。

图5-2-21　小兔跳跳跳

故事小摸箱游戏玩法：自制小摸箱，将故事图片投放到小摸箱中，幼儿随机从摸箱中摸出一张故事图片，讲述图片内容。然后，将所有摸出的故事图片按照故事先后顺序插放在桌子上。摸摸、讲讲、放放的过程可以激发幼儿的语言表达能力（见图5-2-22）。

图5-2-22　故事小摸箱

　　摘苹果游戏玩法：把孩子们画的故事、生活趣事、户外活动表张贴在苹果树上。两个以上的孩子玩，借助石头剪刀布的游戏，谁赢了谁就摘一个苹果并讲述画面中的内容，直到树上的苹果全部摘完，谁摘的苹果多谁就获胜，游戏可反复进行（见图5-2-23）。

图5-2-23　摘苹果

　　故事转盘游戏玩法：自制转盘，将故事图片张贴到转盘上，三五个小朋友一组，转动转盘，直到转盘停止转动，指针指到哪个区域就讲述哪个区域上的故事图片内容，如此循环往复（见图5-2-24）。

图5-2-24　故事转盘

　　故事棋游戏玩法：自制故事棋，将图片张贴到棋盘上，2～4个小朋友一组。首先进行石头剪刀布，决定出发顺序；然后按照顺序来掷色子，掷到几就走几步，如果停到有照片的地方就看图讲故事，如果停到有数字的地方就背古诗或者唱儿歌，如果碰到有幼儿看图讲不出来的情况就顺位到下一个小朋友继续讲，讲出来的小朋友就可以继续掷色子前进；最后谁先到达小兔子家谁就是胜者，胜者就会得到小兔子的礼物（见图5-2-25）。

图5-2-25　故事棋

　　讲整个故事难度层次较高，因此，有效利用小嘴巴话故事、故事电台、故事大王比赛、点读笔录制等各种措施激励幼儿大胆讲述故事，可以激发幼儿表达、表现的欲望。

　　小嘴巴话故事游戏玩法：幼儿自由讲故事。讲故事前，家长和幼儿共同确定讲述的内容，并设计两个问题、准备两份礼物，在讲述后提问小朋友，将准备的礼物作为奖品分发给回答出问题的小朋友。参加故事讲述的幼儿也可以和家人共同制作讲故事时的道具或者服装，辅助讲述故事（见图5-2-26）。

图5-2-26　小嘴巴话故事

故事电台游戏玩法：用废旧纸箱自制故事电台，幼儿可以借助电台来讲故事、唱儿歌、播报身边的事情，也可以介绍自己知道的生活小知识等，活动人员分为小主持人和小听众，中间小主持人和小听众是可以互换身份的，彼此自主交流（见图5-2-27）。

图5-2-27　故事电台

故事大王比赛游戏玩法：制定比赛规则—幼儿踊跃报名—幼儿自由准备故事及故事道具—幼儿抽签按顺序参加比赛—为幼儿颁发奖状、奖品（见图5-2-28）。通过故事大王的比赛活动，孩子对故事会有更全面的了解，对故事发生发展的脉络以及故事角色的对话、神态等也会有较为细致的把握，可以更好地为孩子提供展示、切磋的平台。

图5-2-28　故事大王比赛

点读笔录制游戏玩法：可使用"小达人点读笔"，使其成为记录、保存、共享孩子故事的有效途径。其过程为录制幼儿讲述的故事—教师将故事音频导入点读笔—将故事图片制成有声故事集—用点读笔实时点读，听故事（见图5-2-29）。孩子们用点读笔点一点就可以听到自己讲述的故事，这样孩子们的积极性会更加高涨。

图5-2-29　点读笔录制

四个难度层次的设计，让孩子们的语言表达能力得到了更好的发展，让每个幼儿都能找到适合自己的讲述方式，更好地提高了幼儿的讲述兴趣。目前，很多小小故事家已经录制了自己的"有声故事集"，孩子们用点读笔点一点就可以听到自己讲述的故事，很有成就感。

四、画故事

画故事要求孩子在了解图书构成的基础上，再现或者续编、创编故事。考虑到不同年龄段幼儿关键经验的不同，在教学上，应注意把握孩子的最近发展区，因材施教。比如小班主要以涂涂添添、粘粘贴贴为主，如少了谁、故事贴贴乐、涂一涂添一添等方式；中班在小班的基础上可以适当过渡到画单幅故事，如涂鸦墙上画故事、亲子自制图书等内容；到了大班可以拓展到独立画故事，续编、创编故事，如自制图书、小小编辑部等方式。画故事具体方法如图5-2-30所示。

图5-2-30　"画故事"知识树

少了谁游戏玩法：将故事做成大挂图的形式，将每幅画面的一个或者两个故事角色用卡片挡起来，引导孩子观察各幅故事图片，说说上面少了谁，并将缺少的故事角色用粘粘贴贴的形式填充起来（见图5-2-31）。

图5-2-31　少了谁

故事贴贴乐游戏玩法：为幼儿提供故事背景简图，时间、地点等故事构成元素图片（可粘贴），故事角色图片（可粘贴），引导幼儿通过粘粘贴贴的方式，进行组合，形成完整的画面，并按顺序排序，装订成册（见图5-2-32）。

图5-2-32　故事贴贴乐

涂一涂添一添游戏玩法：为幼儿提供有颜色的背景图片和需要着色的故事角色图片，孩子通过给故事角色着色来完成图书制作，能力稍强的幼儿可以仅提供故事角色形象图片，线索和简单的背景图由孩子进行添画（见图5-2-33）。

图5-2-33　涂一涂 添一添

涂鸦墙上画故事游戏玩法：天然的户外更能激发孩子的创作灵感，可以为孩子在户外设置故事涂鸦墙，让孩子用排笔蘸颜料大胆构图，将故事情节表现得淋漓尽致（见图5-2-34）。

图5-2-34　涂鸦墙上画故事

亲子自制图书游戏玩法：可利用幼儿区域活动时间，引导家长根据自己的时间轮流进入亲子书屋进行亲子自制图书，家长的参与，让书离孩子们越来越近（见图5-2-35）。

图5-2-35　亲子自制图书

自制图书游戏玩法：自制图书前，给孩子们每人发一张"我的图画书构思记录表"，引导孩子对图书所要表达的故事内容、封面、封底、环衬、创意页码等进行设计。因为对图书有了整体的规划，孩子的自制图书不仅美观大方，而且脉络清晰、内容完整（见图5-2-36）。自制图书结束后给幼儿提供交流展示的平台、丰富幼儿自制图书的经验，引导幼儿举办"新书发布会"，孩子在推介自己新书的过程中，增加了自信，对图书也增添了几分喜爱。

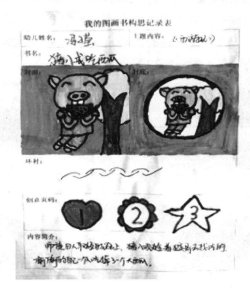

图5-2-36　自制图书

幼儿早期阅读的实践研究

小小编辑部游戏玩法：成立小小编辑部，鼓励孩子对故事进行续编、改编、创编。如在学习了《龟兔赛跑》故事后，为幼儿设计"龟兔第二次赛跑"主题自制图书活动，引导幼儿对故事进行改编，让经典故事加入时代元素（见图5-2-37）。

图5-2-37　小小编辑部自制图书

自制图书创作前，我们会引导幼儿对所要创作图书的内容、封面、封底进行整体构思，确保自制图书内容完整、脉络清晰。结束后，我们会组织幼儿召开"新书发布会"，孩子在推介自己新书的同时，也丰富了自制图书的经验。

下面是孩子们自己画的几个较经典的故事。

故事一：《蚂蚁和西瓜》。四只小蚂蚁用力推西瓜，却怎么也推不动，最后累倒在地；它们喊来更多小蚂蚁来推西瓜，蚂蚁们看到大西瓜之后手舞足蹈；它们有的铲，有的往下递，还有的负责运送回家……蚂蚁把剩下的西瓜皮做成了滑梯，快乐地玩耍（图5-2-38）。

图5-2-38　《蚂蚁和西瓜》

故事二：《猪八戒吃西瓜》。唐僧师徒去取经，有一天，好热好热，孙悟空说："你们等一下，我去摘点水果。"猪八戒说："我也去，我也去！"他们走了很久也没有找到水果，猪八戒"哎哟，哎哟"叫起来，不愿意走了。孙悟空就一个人去摘水果了。猪八戒突然看见山脚下有大西瓜！他啊呜啊呜吃掉一块西瓜，因为西瓜太好吃了就把所有的都吃掉了。猪八戒刚吃完孙悟空就回来了，猪八戒吓了一跳，急忙把西瓜皮扔得远远的。孙悟空说："我摘了些水果，咱们回去一起吃吧。"一路上八戒啪嗒、啪嗒，踩到四块西瓜皮，重重地摔在地上，再也爬不起来了。唐僧、沙和尚看见八戒不停地摔跤就问他是怎么回事，八戒红着脸说不出话来（见图5-2-39）。

图5-2-39 《猪八戒吃西瓜》

故事三：《真假美猴王》。因为孙悟空打死了强盗，唐僧一气之下将他赶走了，结果来了一个假悟空，他打伤了唐僧，还抢走了唐僧的包袱。真假悟空一路从花果山打到了如来佛祖面前，最后在如来佛祖的帮助下，孙悟空打败了假悟空六耳猕猴，师徒四人继续西行（见图5-2-40）。

图5-2-40 《真假美猴王》

故事四：《孙悟空三借芭蕉扇》。唐僧师徒四人去西天取经，走着走着，觉得特别热，原来前方有座火焰山。要想过山，要扇灭火后才能通过。孙悟空第一次借扇，被铁扇公主用扇子扇得很远，灵吉菩萨送给他一粒"定风丹"。悟空第二次来借扇，公主又用扇扇他，悟空口含定风丹，一动不动。第三次，悟空变成牛魔王的样子，骗得真扇子。牛魔王到家得知真相后急忙追赶，悟空与牛魔王大战。八戒、沙僧上前助战，最后把牛魔王打得现出原形。悟空用芭蕉扇扇灭山火，师徒四人继续去取经了（见图5-2-41）。

图5-2-41　《孙悟空三借芭蕉扇》

龟兔第二次赛跑，除了再现故事情节，我们还鼓励幼儿对故事进行续编、改编、创编，如龟兔赛跑故事教学后，我们鼓励幼儿大胆创新，设计了龟兔第二次赛跑。

故事五：《龟兔第二次赛跑》。乌龟和兔子第一次赛跑，兔子因为睡懒觉输了，兔子想和乌龟进行第二次比赛。这一天，天气晴朗，兔子和乌龟的比赛又开始了。它们俩很快地跑下了山坡，走过了一座小桥，又来到了一座像毛毛虫一样的大桥上。兔子使劲地跑，超过了乌龟，可是接着一条大河挡住了它们的路。乌龟会游泳，跳到水里，慢慢地游起来。兔子想了想，找来了一个大木盆当小船，可是太慢了，怎么办呢？兔子想了一个好主意，它找来好多大荷叶放在水面上，然后踩着荷叶，一跳一跳地过了河，聪明的兔子这次获得了比赛的胜利（见图5-2-42）。

图5-2-42 《龟兔第二次赛跑》

故事隐藏在生活的方方面面。自然角落里的小生灵也成了孩子们创作故事的题材。孩子们根据自己的观察并通过查阅资料，做成了各种植物、动物的观察日记。

下面是孩子们画的自然角落里的生长故事——《小蝌蚪成长记》《毛毛虫记》《小兔成长记》，在孩子的笔下，小兔和我们一样，慢慢长大，要去上学，要结婚，还要有自己的小宝宝。

故事六：《小蝌蚪成长记》。美丽的小河里，一群小蝌蚪游来游去。小蝌蚪长得很快，每天都在一点点变大。过了几天，小蝌蚪们悄悄长出了后腿，又过了几天，长出了两条前腿，尾巴也变小了，最后，尾巴没有了，变成了一只大大的青蛙（见图5-2-43）。

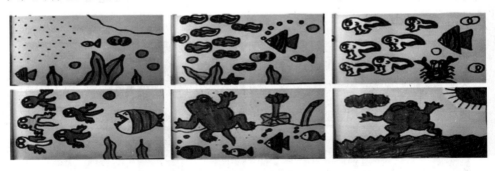

图5-2-43 《小蝌蚪成长记》

故事七：《毛毛虫记》。在一棵高高的大树上，有几片绿绿的叶子，叶子上有些黑黑的小点，那是毛毛虫宝宝。过了几天，毛毛虫长大了一些，它吃了好多树叶，身体变得更大了，它做了个茧，把自己包起来了，好好地睡起了觉。过了几天，毛毛虫醒了，从茧里钻出来，发现自己长出了一对美丽的翅膀，它高兴地说："我变成蝴蝶了！"然后和同伴一起高兴地跳起了舞（见图5-2-44）。

图5-2-44　《毛毛虫记》

故事八：《小兔成长记》。有一只小兔子，它什么事情都要大人帮它做，穿衣服，穿袜子，盖被子……它说："我是小宝贝，什么事情都要妈妈做！"后来，有一天，爸爸妈妈带小兔出去玩，小兔想吃水果，妈妈去摘了，小兔想要采花，爸爸去采了。很长时间，爸爸妈妈都没回来，小兔等不及了，它自己去干，一会儿就带回来了几朵大红花和一些又大又红的草莓。小兔看到爸爸妈妈还没回来，就自己做起了饭。等到爸爸妈妈回来，小兔都把午饭做好了，妈妈夸小兔是个能干的孩子。从此以后，小兔长大了，学会了自己的事情自己做（见图5-2-45）。

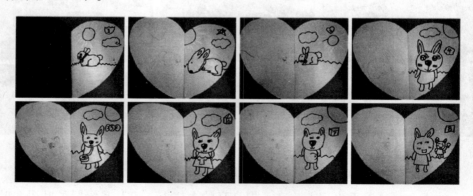

图5-2-45　《小兔成长记》

五、演故事

　　演，主要是通过操作角色进行表演和承担角色进行表演两种方式。小小木偶剧、故事沙盘表演、故事盒表演等都属于操作角色进行表演。情景剧表演、亲子剧场、猜一猜比一比、哑剧表演等属于幼儿自身担当角色进行表演。演故事具体方法如图5-2-46所示。

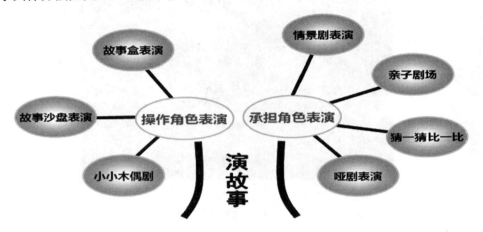

图5-2-46　"演故事"知识树

　　小小木偶剧游戏玩法：通过操作手偶指偶进行表演，如《香香的被子》故事活动中，为幼儿提供了胖小猪、小花猫、小山羊、小兔子、小松鼠等故事角色的手偶和指偶，幼儿通过操作手偶指偶进行表演，活似一个个小导演（见图5-2-47）。

图5-2-47　小小木偶剧

故事沙盘表演游戏玩法：幼儿自己动手用太空泥制作故事中的角色形象，将其放置在沙盘中，幼儿自由选取故事角色进行故事再现、续编和创编（见图5-2-48）。

图5-2-48　故事沙盘表演

　　故事盒表演游戏玩法：拿一个废旧茶叶盒和两根铁丝，将故事角色粘贴在两根旋转铁丝做成的旋转棒上，做成故事盒，并在故事盒上粘贴故事背景图，通过转动旋转棒，控制出现的角色，幼儿进行自由讲述故事表演（见图5-2-49）。

图5-2-49　故事盒表演

情景剧表演游戏玩法：鼓励幼儿一起交流探讨，将故事改编成适合表演的剧本，然后，相互商量角色应该怎样去表现，包括什么时候出场、台词是什么、动作表情又是怎样的，最终由孩子自主选择角色进行表演（见图5-2-50）。

图5-2-50 情景剧表演

亲子剧场游戏玩法：向家长发邀请函—家长与幼儿一起准备故事及表演道具—家长利用区域活动时间来园与孩子一起进行亲子剧场表演。活动的开展更好地让幼儿积极参加到表演活动中来，在和爸爸妈妈一起过戏瘾的同时，牵动着孩子阅读更多的经典（见图5-2-51）。

图5-2-51 亲子剧场

猜一猜比一比游戏玩法：为幼儿准备记分卡、故事图片两幅，引导孩子通过你演我猜以及比一比谁猜出来的多的形式，细致揣摩角色的形象。如在《小兔乖乖》故事活动中，引导幼儿两人一组，在积分卡上分别画上自己的形象，并用"剪刀石头布"或其他方式确定好游戏的先后顺序。先者表演某个动作，后者猜测是哪个情节，并在故事图片上找出相应的画面，猜中后给自己贴上一颗五角星（见图5-2-52）。游戏顺序更换，继续进行。游戏结束后，双方比一比谁的五角星多，多的一方获胜。

图5-2-52 猜一猜 比一比

哑剧表演游戏玩法：在旁白下幼儿通过尽可能丰富的肢体动作表现故事的意境。如在《小兔孵蛋》故事活动中，幼儿通过夸张的动作、有趣的表情将故事情节表现得淋漓尽致（见图5-2-53）。哑剧，因为缺少了语言的辅助，需要幼儿用夸张的动作、表情、神态来表现人物角色，能够带给孩子不一样的表演体验。

图5-2-53 哑剧表演

第三节　故事教育课程的研发与实践
（2017年10月至今）

故事涉及广泛的领域、灵活多样的活动形式、润物无声的育人方式以及典型的人物形象、错综复杂的情节、神奇而梦幻的意境，符合幼儿的身心发展规律和认知特点，能够促进幼儿在健康、语言、社会、科学、艺术五个领域全面协调发展。柏拉图说："谁会讲故事，谁就拥有了整个世界。"故事无论其内容、形式、育人方式，还是本身蕴含的元素，都能够满足幼儿发展的多元需求。而且，故事无时不在、无处不在，除了写在书上的、口耳相传的，还有即时生成的，如一日活动中的游戏故事等，对培育全面发展的幼儿具有重要的价值。于是，自2017年10月始，我们进一步推进研究，将阅读区和故事教学的有益经验进一步梳理总结，向着故事教育课程探索实践迈进。幼儿园故事教育课程经历了课程研发、课程实施、课程评价三个阶段。

一、课程研发的依据

在课程研发方面，我们遵循架构故事教育课程目标体系、构建故事教育课程体系、创立故事教育资源库、形成园本课程这样一条思路开展研究。

（一）基于《3～6岁儿童学习与发展指南》目标架构故事教育课程目标体系

我们遵循"阅读润心、书香怡情"的课程理念，把"培养全面发展的幼儿"作为课程目标，初步架构起了包括培养良好的生活习惯、提高幼儿的生活自理能力等八个方面的目标体系。如生活习惯方面，主要培养幼儿合理饮食、按时睡觉、正确刷牙、讲究卫生、爱护眼睛等方面的能力；生活能力方面，主要培养幼儿基本的生活自理能力，以及防火、防电、防震、提防陌生人等基本的自我保护能力；情绪管理方面，主要培养幼儿正确认识、调控自己生气、难过、伤心、害怕等情绪的能力；个性品质方面，主要培养幼儿幽默、机智勇敢、坚持认真等的能力和品格；人际交往方面，主要培养幼儿自尊、自信、自主，愿意与人交往，能与同伴友好相处，关心尊重他人等品格和能力；社会适应方面，主要培养幼儿适应群体生活、遵守基本的行为规范、具有初步的归属感等能力和品格；科学启蒙方面，主要培养幼儿对人、动物、植物等的探究、认知兴趣；数学认知方面，主要培养幼儿对数、量、形、空间等的认知理解能力，感受生活中数学的有用和有趣。故事教育课程目标体系如表5-3-1所示。我们在确定好目标体系后，充分挖掘每一方面所包含的幼儿必备品格和关键能力，依据各个年龄段幼儿关键经验的不同，对每一方面三个年龄段幼儿分别要达成的目标做了界定，如表5-3-2所示。

表5-3-1　故事教育课程目标体系

目标体系	必备品格和关键能力
生活习惯	合理饮食、按时睡觉、正确刷牙、讲究卫生、爱护眼睛
生活能力	生活自理能力，防火、防电、防震、提防陌生人等基本自我保护能力
情绪管理	正确认识、调控自己生气、难过、伤心、害怕等情绪
个性品质	幽默、机智勇敢、坚持认真
人际交往	自尊、自信、自主，愿意与人交往，能与同伴友好相处，关心尊重他人
社会适应	适应群体生活、遵守基本的行为规范、具有初步的归属感
科学启蒙	对人、动物、植物等的探究、认知兴趣
数学认知	对数、量、形、空间等的认知理解能力，感受生活中数学的有用和有趣

表5-3-2　故事教育课程年龄段目标

目标体系	小班目标	中班目标	大班目标
生活习惯	1.在提醒下，按时睡觉起床，坚持午睡；每天早晚刷牙、饭前便后洗手； 2.在引导下不偏食、挑食； 3.愿意饮用白开水、不贪喝饮料、不用脏手揉眼睛	1.每天按时睡觉和起床，并能坚持午睡；每天早晚刷牙、饭前便后洗手，方法基本正确； 2.不偏食、挑食，不暴饮暴食； 3.知道保护眼睛	1.养成每天按时睡觉和起床的习惯；每天早晚主动刷牙，饭前便后主动洗手，方法正确； 2.吃东西时细嚼慢咽； 3.主动保护眼睛

续表

目标 体系	小班目标	中班目标	大班目标
生活能力	1.在帮助下能穿脱衣服或鞋袜；能将玩具和图书放回原处； 2.不吃陌生人的东西，不跟陌生人走； 3.在公共场所走失时，能向警察或有关人员说出自己和家长的名字、电话号码等简单信息	1.能自己穿脱衣服、鞋袜，扣钮扣；能整理自己的物品； 2.知道在公共场合不远离成人的视线单独活动； 3.知道简单的求助方式	1.能根据冷热增减衣服，会自己系鞋带；能按类别整理好自己的物品； 2.能自觉遵守基本的安全规则和交通规则； 3.知道一些基本的防灾知识
情绪管理	1.情绪比较稳定，很少因一点小事哭闹不止； 2.有比较强烈的情绪反应时，能在成人的安抚下逐渐平静下来	1.经常保持愉快的情绪，不高兴时能较快缓解； 2.有比较强烈的情绪反应时，能在成人的提醒下逐渐平静下来	1.经常保持愉快的情绪，并知道引起自己不快的原因； 2.表达情绪的方式比较适度，不乱发脾气
个性品质	1.做事情注意力集中8~10分钟； 2.能有兴趣地、较持久地投入自己喜欢的活动中	1.做事情注意力集中10~15分钟； 2.做事情比较认真，能在成人的帮助下较持久活动；具有坚持、认真、坚韧、勇敢的品质	1.做事注意力较集中，能不受外界打扰地活动； 2.初步具有良好的个性品质如坚持、认真、坚韧、勇敢
人际交往	1.愿意和小朋友一起玩游戏； 2.能根据自己的兴趣选择游戏或其他活动； 3.自己能做的事情愿意自己做；喜欢承担一些小任务	1.喜欢和小朋友一起玩游戏，有经常一起玩的小伙伴； 2.会运用简单技巧加入同伴的游戏中； 3.对大家都喜欢的东西能分享； 4.敢于尝试有一定难度的活动和任务	1.有自己的好朋友，也喜欢结交新朋友； 2.高兴的或有趣的事愿意与大家分享； 3.主动承担任务，遇到困难时能够坚持而不轻易求助； 4.尊重为大家提供服务的人，珍惜他们的劳动成果

续表

目标 体系	小班目标	中班目标	大班目标
社会适应	1.在提醒下，能遵守游戏和公共场所的规则； 2.知道和自己一起生活的家庭成员及其与自己的关系，体会到自己是家庭的一员	1.愿意并主动参加群体活动； 2.感受规则的意义，并能基本遵守规则； 3.喜欢自己所在的幼儿园和班级，积极参加集体活动	1.在群体活动中表现积极； 2.理解规则的意义，能与同伴协商制定游戏和活动规则； 3.能认真负责地完成自己所接受的任务
科学启蒙	1.喜欢接触大自然，对周围的很多事物和现象感兴趣； 2.对感兴趣的事物能仔细观察，并发现其明显的特征； 3.能感知和体验天气对自己生活和活动的影响	1.喜欢接触新事物，经常问一些与新事物有关的问题； 2.常常动手动脑探索物体和材料，并乐在其中； 3.能用图画或其他符号进行记录	1.对自己感兴趣的问题总是刨根问底；喜欢动手动脑寻找问题的答案； 2.能用一定的方法验证自己的猜测； 3.在成人的帮助下能制定简单的调查计划并执行；能用数字、图画、图表或其他符号记录； 4.能探索并发现常见的物理现象产生的条件或影响因素； 5.初步了解人们的生活与自然环境的密切关系
数学认知	1.感知和发现周围物体的形状是多种多样的，对不同的形状感兴趣； 2.体验和发现生活中很多地方都用到数； 3.能手口一致地点数5个以内的物体，并能说出总数；能按数取物； 4.能感知物体基本的空间位置与方位	1.在指导下，感知和体会有些事物可以用形状来描述； 2.在指导下，对环境中各种数字的含义有进一步探究的兴趣； 3.能通过数数比较两组物体的多少； 4.能通过实际操作理解数与数之间的关系； 5.能使用上下、前后、里外、中间、旁边等方位词描述物体的位置和运动方向	1.能发现事物简单的排列规律，并尝试创造新的排列规律； 2.能发现生活中许多问题都可以用数学的方法来解决，体验解决问题的乐趣； 3.初步理解量的相对性； 4.能用简单的记录表、统计图等表示简单的数量关系

（二）遵循课程目标构建故事教育课程体系

构建的课程体系包括情绪管理、生活习惯、生活能力、人际交往、社会适应、数学认知、科学启蒙、个性品质等在内的八个主题。

（三）基于两方面创立故事教育资源库

一是基于每一主题幼儿的必备品格和关键能力，二是基于幼儿年龄段的阅读特点和水平。关于每一主题幼儿的必备品格和关键能力在前文中已做了阐述，不再赘述；关于幼儿年龄段的阅读特点和水平，我们在实践中总结提炼出了小班、中班、大班三个年龄班幼儿图书选择的一些经验，具体如下。

小班：小班幼儿注意力集中的时间较短，对熟悉、具体、生动的事物感兴趣，对动作和声音偏爱模仿，所以应为他们选择内容短小生动、情节简单、一次能看完的图书。有生动、形象的文学词汇和语句（如象声词、动词、重叠词等）的图书，幼儿读来朗朗上口，富有韵律感，他们乐于通过语言和动作模仿再现图书中人物的语言、动作。小班幼儿喜欢画面色彩鲜艳明亮、主体形象大而突出、背景相对淡化的图书。单幅画页、版面大而精美的图书更能受到孩子们的喜爱。

中班：在小班幼儿阅读的基础上，中班幼儿乐于欣赏、学习具有清晰情节和结构，富有想象力、感染力和思想性的图书，而且喜欢表现人物情感和心情的图书。中班幼儿喜欢描绘意境和人物内心情感的优美语言，喜欢欣赏拼贴画、水粉画、彩色铅笔画等不同绘画风格的图书。

大班：幼儿对新奇事物充满了好奇和探究的欲望，他们乐于欣赏多种题材和形式的优秀故事、童话图书，甚至探讨一些抽象概念或描述恐惧情绪的图书都是他们喜欢的。为大班幼儿选择的图书，情节应跌宕起伏，人物心理和情感赋予变化，语言应细腻深刻、幽默且富有丰富的想象力和浪漫色彩。蕴涵着深刻主题的图书也是深受大班幼儿喜欢的。

我们在充分分析每一主题幼儿的必备品格和关键能力的基础上，应参照幼儿年龄段的幼儿阅读特点和水平广泛搜集相关故事填充到故事教育资源库中，目前八个主题已收录共计780余则故事。以下是部分主题的故事教育资源库目录，如表5-3-3所示。

表5-3-3　故事教育资源库目录

必备品格 关键能力	品格和 能力描述	故事资源
情绪管理	不乱发脾气	《生气汤》《爱发脾气的菲菲》《我为什么快乐》《我的感觉》《请不要生气》《妈妈我真的很生气》《爱哭公主》《菲菲生气了》《生气王子》《慌张先生》《我好嫉妒》《我好生气》《我的大喊大叫的一天》《我不想生气》《小绵羊生气了》《我变成一只喷火龙了》《生气的亚瑟》《把坏脾气收起来》《我好害怕》《不要发脾气好好说》《胆小鬼威利》
生活习惯	合理饮食	《汉堡男孩》《肚子里有个火车站》《吃掉你的豌豆》《食物巴士》《挑食的弗莱娅》《不吃糖，不许吃蔬菜》《胖国王》《瘦皇后》《阿布的力气》《给，喝水》《来喝水吧》《水的故事》《查理的巧克力工厂》《肚子里的小人》
	按时睡觉	《八点半睡觉》《好困好困的蛇》《睡不着觉的小兔子》《不要睡觉赛莉》《上床睡觉》《快睡吧，小田鼠》《小老鼠的漫长一夜》《我不困，我不想睡觉》《不睡觉世界冠军》《别让鸽子太晚睡》
	正确刷牙	《牙齿大街的新鲜事》《谁是蛀虫的朋友》《张开嘴巴》《牙齿的故事》《一颗超级顽固的牙》《河马牙医笑一笑》《我的牙齿亮晶晶》《我去刷牙》《牙齿村》《没有牙齿的大老虎》《小熊不刷牙》《小猪奴尼》
	讲究卫生	《不讲卫生的猪小弟》《根本就不脏嘛》《不讲卫生的小猪》《马桶的故事》《鼻孔的故事》《小猪离家记》《小脏狗的圣诞节》《小脏狗找朋友》
	爱护眼睛	《近视鹰》《戴眼镜的小兔子》《眼睛的故事》《眼镜兔子》《眼镜公主》
生活能力	生活自理能力	《给孩子自由》《小布迪熊系列》《让孩子做主》《孩子你为什么不听话》《自己的事情自己做》《阿立会穿裤子了》
	提防陌生人	《小红帽》《猜猜谁来了》《远离亲切的老猫》《汤姆走丢了》《出事的那一天》《贝贝熊之安全第一》《我不会走丢》《保护自己的咒语》《小羊羔的急救箱》《不做小红帽》《绝对不能保守的秘密》《小兔走丢了》

必备品格 关键能力	品格和 能力描述	故事资源
	防火、 防电、 防震……	《苹果猪触电了》《在这里安全吗》《幼儿安全绘本 ③地震自救》
	其他	《不要随便摸我》《不要随便亲我》《不要随便欺负 我》《我不跟你走》
人际交往（自 尊、自信、 自主；关心 尊重他人）	愿意与人 交往	《别再捉弄人了》《猜猜我有多爱你》《我有友情要 出租》《敌人派》《你别想让河马走开》
	与同伴友好 相处	《七只瞎老鼠》《两棵树》
	自信	《我喜欢我》《森林里来了一只小狗》《小绿狼》 《皮特猫系列》
	文明礼貌	《我也要搭车》《打招呼》
	善良包容	《善平爷爷的草莓》《我很善良》《甜蜜的宽容》 《你真好》
	关心尊重 他人	《小黄鸡和小黑鸡》《小蛇散步》《亲亲绿毛怪》 《幸福的大桌子》
社会适应（喜 欢并适应群 体生活；遵 守基本的行 为规范；具 有初步的归 属感）	适应群体生 活（友好相 处、合作、 分享）	《送大乌龟回家》《我爱幼儿园》《幼儿园的一天》 《小白找朋友》《遇到你真好》《和甘伯伯去游河》 《阿秋和阿狐》《小黑鱼》《最好吃的蛋糕》《鸽子 捡到一个热狗》《两只羊的故事》《鼠小弟的小背 心》《小老鼠分果果》《石头汤》《孤独的小熊》
	遵守规范 （如规则意 识、不说 谎、不乱拿 别人东西、 爱护玩具、 节约水 电等）	《我也要搭车》《安的种子》《大卫，圣诞节到了》 《莎莎的月光》《西奥多和会说话的蘑菇》
	亲情、师生 情、归属感 及自我认同	《驴小弟变石头》《我爸爸》《最好吃的蛋糕》《你看 起来好像很好吃》《我永远爱你》《晚安大猩猩》 《猜猜我有多爱你》《逃家小兔》《丑小鸭》《小青 虫的梦》《没有耳朵的兔子》《我不知道我是谁》 《勇敢做自己》《独一无二的你》《乱挠痒痒的章 鱼》《大卫不可以》《狐狸爸爸鸭儿子》《亲爱的小 鱼》《我是什么》《袋鼠宝宝小羊羔》《小憨抱抱》

必备品格 关键能力	品格和 能力描述	故事资源
	人（如认识人体、了解生命历程之类）	《食物巴士》《小威向前冲》《楼上的外婆和楼下的外婆》《獾的礼物》《当鸭子遇见死神》
	动物（如认识食物链，辨别动物粪便、蛋等的形状）	《蛋》《是谁嗯嗯在我的头上》《哇！变色了》《兔子邮递员》《小壁虎借尾巴》《鱼就是鱼》《小蝌蚪找妈妈》
	植物（如保护环境）	《爱心树》《再见小树林》《小种子》《花婆婆》
	科学常识	《乌鸦喝水》《你的家我的家》《风到哪里去了》《小水滴旅行记》《搬过来搬过去》《去猫头鹰家做客》《我是天气预报员》《水的旅行》《你不知道的三个朋友》《小黄和小蓝》《寻找鸭妈妈》《一粒种子的旅行》
数学认知	数字、空间、时间、方位	《首先有一个苹果》《好饿的毛毛虫》《好饿的小蛇》《向0敬个礼》《时钟的故事》《地下100层的房子》《谁藏起来了》《蜈蚣叔叔的袜子》《蜘蛛和糖果店》《谁先吃好呢》
个性品质	幽默搞笑	《一园青菜成了精》《动物绝对不应该穿衣服》《小猪变形记》《谁要一只便宜的犀牛》《今天运气怎么这么好》《1只小猪和100只狼》《小猪闹闹》《野狼瘪肚子》《獾的美餐》《跑跑镇》
	勇敢机智	《咕噜牛》《狐假虎威》《三只小猪的真实故事》《勇气》《三只山羊嘎啦嘎啦》《我的幸运一天》
	想象力	《最奇妙的蛋》《我的恐龙朋友》《谁要一只便宜的犀牛》《火车要开了》《我的梦幻杯子》《我的神奇马桶》《我的百变浴缸》《我的连衣裙》《子儿吐吐》《长大以后做什么》
	坚持	《苏菲的杰作》《达芬奇想飞》《犟龟》
	认真	《三只小猪》《眼镜哪去了》《小猫钓鱼》

（四）按主题，选择经典故事形成园本课程

从每一类主题故事中选择两篇具有典型代表意义的优质故事（共计八大

类16篇），作为主体故事编入课程，并分"对接阅读区、主体故事教学、区域延伸活动、课程评价"四个模块编纂教材，故事教育园本课程目录如表5-3-4所示。

表5-3-4　故事教育园本课程目录

月份	主题	小班	中班	大班
9月	生活习惯	《小熊不刷牙》	《没有牙齿的大老虎》	《眼镜公主》
		《小猪奴尼》	《肚子里的小人》	《肚子里有个火车站》
10月	生活能力	《阿立会穿裤子了》	《不要随便欺负我》	《不要随便亲我》
		《小兔走丢了》	《我不跟你走》	《不要随便摸我》
11月	情绪管理	《小绵羊生气了》	《我好生气》	《菲菲生气了》
		《我好害怕》	《不要发脾气好好说》	《胆小鬼威利》
12月	个性品质	《最奇妙的蛋》	《跑跑镇》	《长大以后做什么》
		《我的连衣裙》	《咕噜牛》	《獾的美餐》
3月	人际交往	《小黄鸡和小黑鸡》	《小老鼠分果果》	《我有友情要出租》
		《小蛇散步》	《你别想让河马走开》	《敌人派》
4月	社会适应	《孤独的小熊》	《没有耳朵的兔子》	《小青虫的梦》
		《最好吃的蛋糕》	《我也要搭车》	《和甘伯伯去游河》
5月	科学启蒙	《小黄和小蓝》	《小壁虎借尾巴》	《一粒种子的旅行》
		《寻找鸭妈妈》	《是谁嗯嗯在我头上》	《你不知道的三个朋友》
6月	数学认知	《谁藏起来了》	《蜈蚣叔叔的袜子》	《蜘蛛和糖果店》
		《好饿的小蛇》	《首先有一个苹果》	《谁先吃好呢》

　　以生活习惯养成主题为例说一下主体故事选择的依据。对于生活习惯养成，小班重在"培养"，我们选取《小熊不刷牙》《小猪奴尼》两篇故事作为主体故事进行教学，帮助幼儿养成早晚刷牙、讲究卫生的良好习惯。中班重在"强化"，选取《没有牙齿的大老虎》，引导幼儿不仅要坚持刷牙，还要少吃甜食，学会保护牙齿。另外选取《肚子里的小人》，教育幼儿要合理饮食，培养幼儿不贪食冷饮、不暴饮暴食、细嚼慢咽等进食习惯。大班重在"巩固"，选取《肚子里有个火车站》，通过带领幼儿参观肚子里的火车站，让幼儿进一步了解自己的消化系统；并针对大班幼儿普遍存在的写、画时姿势不正确这一问题，选取《眼镜公主》绘本故事，让幼儿通过主体故事了解眼镜公主近视眼的成因、近视眼之后发生的"趣事"、戴眼镜之后的麻烦事儿、护眼行动等，让幼儿自觉远离电子产品，并通过户外运动、合理饮食、做眼保健操等形式保护自己的眼睛（详情见表5-3-5）。

表5-3-5　主题故事选择

年龄段	目标重点	主体故事1	主体故事2
小班	养成	《小熊不刷牙》	《小猪奴尼》
中班	强化	《没有牙齿的大老虎》	《肚子里的小人》
大班	巩固	《肚子里有个火车站》	《眼镜公主》

确定好主体故事之后，我们要做的便是多层次解读绘本，做好教学设计。首先，反复阅读绘本故事，挖掘其中蕴含的教育价值，明确作者传达的核心价值，从而确定教学目标；其次，根据故事的发生发展解读绘本的结构，在梳理故事结构的基础上明确每一部分适宜的教学策略。共梳理总结了包括"五位一体"故事教学法、自主阅读、难点前置、设置情境、操作体验、观察猜测、角色代入、有效倾听、同伴讨论、绘画表征、表演游戏、及时小结等18种教学策略，帮助幼儿有效理解故事内容，在与角色的互动中启迪心智，获得发展。

延伸活动的设计，我们主要遵循两条思路。思路一：注重幼儿阅读能力的提升，以故事内容为主线设计了阅读区——看故事、听赏区——听故事、讲述区——讲故事、美工区——画故事、表演区——演故事，并充分尊重幼儿游戏精神，设计了包括看故事5种、听故事5种、讲故事13种、画故事11种、演故事7种总计41种游戏玩法。以故事内容为主线设计的区域活动及材料投放如表5-3-6、表5-3-7所示，41种游戏玩法如表5-3-8所示。

表5-3-6　阅读区及相关区域阅读形式及游戏

区域	阅读形式	游戏名称
阅读区	阅读故事图书以及故事分解图片	阅读故事图书又包括整体阅读、巧设小问号故事屋、增加阅读指南等三种方法；阅读故事分解图片又包括趣味迷宫、娃娃电影、故事扑克、转转乐、故事拼图等5种方法
听赏区	成人讲幼儿听、借助媒介	成人讲幼儿听具体包括故事爸妈进区域、××老师讲故事；借助媒介包括播放器听赏故事、点读笔听故事等
讲述区	讲单个句子、单幅画面讲故事、轮流讲故事、讲整个故事	故事开火车、小兔跳跳跳、故事小摸箱、摘苹果、故事转盘、故事棋、小嘴巴话故事、故事电台、故事大王比赛、点读笔录制
美工区	添画故事、自制图书（原创、仿编、续编、创编、改编）	根据作品完整程度分为神笔马良、小小作家两个游戏；根据作品呈现形式分为水粉故事、泥塑故事、树叶贴画故事、线描故事

续表

区域	阅读形式	游戏名称
表演区	操作角色进行表演和担当角色进行表演	小小木偶剧、故事沙盘表演、故事盒表演等都属于操作角色进行表演；情景剧表演、亲子剧场、猜一猜比一比、哑剧表演等属于幼儿自身担当角色进行表演

表5-3-7 阅读区及相关区域材料投放

区域	基础材料	拓展材料
阅读区	图画书（幼儿园的图画书、幼儿自带的图画书）	画报、包装袋、报纸、广告彩页
听赏区	播放器、录音机、故事音频、幼儿文学音像制品、点读笔	点歌本、耳麦、话筒、形象装扮材料、图画书
讲述区	图画书、幼儿自制图书、话筒、故事讲台、胸牌	平板电脑
美工区	图画书、纸笔、书圈、打孔机	水粉、毛笔、瓦片、积木、纸箱、瓶瓶罐罐、彩泥、黏土、树叶、布条、毛线
表演区	角色头饰、服饰、道具、手偶、指偶	各种废旧材料、剪刀、胶棒、纸笔、场景材料、剧本

表5-3-8 故事游戏玩法

活动形式	游戏玩法	共计
看故事	故事迷宫、娃娃电影、故事扑克、转转乐、故事拼图	5
听故事	故事爸妈进区域、××老师讲故事、播放器听赏故事、点读笔听故事、小谷机器人宝宝讲故事	5
讲故事	故事开火车、小兔跳跳跳、故事小摸箱、摘苹果、故事转盘、故事棋、故事骰子、排图讲述、小嘴巴话故事、故事电台、故事大王比赛、点读笔录制、分角色讲述故事	13
画故事	故事贴贴乐、添画故事、涂鸦故事、拓印故事、点彩故事、水粉故事、粘贴故事、水墨故事、剪纸故事、油画故事、线描故事	11
演故事	情景剧表演、亲子剧场、猜一猜比一比、哑剧表演、故事盒表演、故事沙盘表演、小小木偶剧	7

思路二：关注幼儿学习与发展的整体性，以故事中的元素为线索设计区域活动。故事中的元素又细分为看得见的因素，如角色、道具、情节、场景等，

和看不见的因素，如故事的教育价值、传递的价值观念等（见图5-3-1）。比如，在《我有友情要出租》延伸活动中，根据故事中看得见的元素如游戏、猩猩、咪咪、沙漏、影子等，设计了户外游戏区"猜拳跨步""一二三木头人"、科学探究区"沙漏计时"、美工区"影子大解救"等游戏；根据故事中看不见的因素，即其中蕴含的教育价值——朋友就在身边，要主动寻找，设计了美工区自制绘本活动——续编故事"我有友情免费出租"、表演区表演游戏"我们来做朋友吧"、语言区"说说我的好朋友""我的交友计划"等。

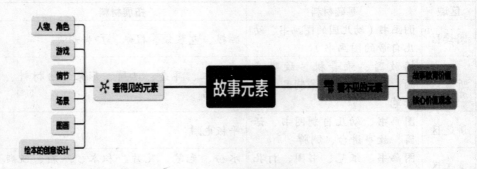

图5-3-1　故事元素分类

《我有友情要出租》延伸活动设计图如图5-3-2所示。

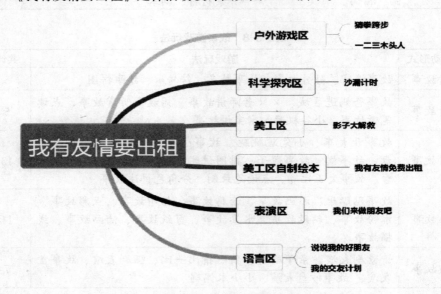

图5-3-2　《我有友情要出租》延伸活动设计图

下面是根据经典故事形成的园本课程范例。

语　言

◆ 故事小广播 ◆

·活动经验

　了解绘本内容，能按照绘本内容进行完整听赏并讲述。

·活动材料

　故事录音《我有友情要出租》。

·指导建议

　1. 引导幼儿完整听赏故事。

　2. 提供"故事小广播"电台，引导幼儿分角色讲述故事。

　3. 前一环节中讲故事的幼儿做听众，听其他小朋友讲述故事。

◆ 小兔跳跳跳 ◆

·活动经验

　了解绘本内容，能根据创设的游戏情景讲述图片内容。

·活动材料

　故事图片，小兔跳跳跳纸板。

·指导建议

　1. 幼儿熟悉"剪刀石头布"游戏玩法。

　2. 创设小兔子回家的情境（可以2~3个小朋友一起玩）。

　3. 孩子们先进行剪刀石头布的游戏，赢的小朋友就向前跳一步。

　4. 每个格子里都有不同的挑战，如果跳到的地方有故事图片，请孩子们讲出故事图片的内容。

　5. 最先到达的小朋友获得胜利。

美　工

◆ 四连剪纸小人 ◆

·活动经验

　掌握正确的折、剪方法，能剪出连续的人物图案。

·活动材料

　事先剪好的范例、纸、剪刀。

· 指导建议

1. 出示范例，激发幼儿折纸的兴趣。

2. 出示折纸步骤图。

（1）取一张长方形的蜡光纸备用（见图5-3-3）。

图5-3-3　长方形蜡光纸

（2）将长方形的蜡光纸，两窄边对折（见图5-3-4）。

图5-3-4　对折蜡光纸

（3）然后再对折（见图5-3-5）。

图5-3-5　再对折

（4）再对折一次成小长方形（见图5-3-6）。

图5-3-6 再对折一次成小长方形

（5）在折好的蜡光纸上不开口的一边画出小人图像（见图5-3-7）。

图5-3-7 画出小人图像

（6）然后沿小人边缘剪下展开，生动有趣的拉手小人就完成了（见图5-3-8）。

图5-3-8 沿小人边缘剪下展开

3. 引导幼儿按照折纸步骤图进行折或剪。

4. 展示折纸小人。

◆ 连环画《我和我的好朋友》◆

· 活动经验

能够用连环画的形式记录自己和好朋友玩耍的样子。

· 活动材料

画笔、画纸、订书机。

· 指导建议

1. 同伴之间讨论，鼓励幼儿回忆和好朋友玩耍时的美好情景，并用连环画的形式进行记录。

2. 引导幼儿大胆地在集体面前讲述自己的作品。

◆ 自制绘本《我有友情要出租》◆

· 活动经验

了解绘本内容，根据故事的部分情节续编、创编故事并进行绘本制作。

· 活动材料

画笔、画纸、订书机。

· 指导建议

1. 引导幼儿讨论：大猩猩会交到朋友吗？谁可能会来租大猩猩的友情？咪咪会来吗？

2. 幼儿自制绘本。

3. 分享交流：幼儿把自己制作的绘本故事讲给同伴听。

户外活动

◆ 猜拳跨步 ◆

· 活动经验

1. 遵守游戏规则，正确地猜拳与跨步。

2. 两两合作，配合协调。

· 活动材料

起止线、红蓝标记、星星若干。

· 指导建议

1. 带领幼儿到空地上，贴好起止线标记，并讲解游戏规则及玩法。

2. 请幼儿分组合作进行"猜拳跨步"游戏，看看哪个队获得的星星多。

◆ "一二三木头人"游戏 ◆

·活动经验

1. 在游戏中能控制自己的身体，在规定的时间内尽量做到一动不动。

2. 能根据指令变换模仿动作，体验活动的快乐。

·活动材料

魔法棒。

·指导建议

1. 请幼儿学念儿歌：山山山，山上有个木头人，木头人，不准说话不准动。

2. 游戏玩法如下。

（1）先集体念儿歌，扮演木头人。

（2）幼儿念完后做一个造型动作，在规定时间内不能动。

（3）魔法师手持"魔法棒"，口念"变变变，变变变，变成大象"，幼儿扮的"木头人"马上"变成大象"，模仿大象行走。

（4）"魔法师"巡视，看到变得不像的幼儿，"魔法师"用"魔法棒"一指，这个幼儿便停止动作，还原成"木头人"。

（5）游戏中"魔法师"不断变换指令，如小兔子、小狗等。

3. 游戏熟悉后，可请幼儿当"魔法师"继续游戏。

表　演

◆ 趣味表演 ◆

·活动经验

了解绘本，能按照绘本内容进行表演。

·活动材料

1. 旁白，大树、咪咪、大猩猩、狮子、犀牛、长颈鹿、斑马、小兔的头饰，沙漏、饼干、一元钱硬币若干。

2. 画笔、画纸。

·指导建议

1. 幼儿再次阅读绘本图书《我有友情要出租》，共同制作表演剧本、装扮道具等。

2. 绘制演出海报，吸引其他小朋友观看表演。

3. 自主选择故事角色，简单装扮后进行表演。

附剧本：

《我有友情要出租》

角色：咪咪、大猩猩、大树、狮子、犀牛、长颈鹿、斑马、小兔。

道具：旁白，沙漏、饼干、一元钱硬币若干，大树、咪咪、大猩猩、狮子、犀牛、长颈鹿、斑马、小兔的头饰。

旁白：有一只大猩猩，他常常想。

大猩猩：我好寂寞，我都没有朋友。

旁白：有一天，大猩猩在大树上贴了一片叶子，上面写着"我有友情要出租，一小时五块钱"。然后他坐在树下等着、等着，等到眼睛都快闭上了。这时候，咪咪骑着脚踏车来了。她看到叶子，立刻跳下车，问大猩猩。

咪咪：什么叫友情出租？

旁白：大猩猩睁大眼睛说。

大猩猩：就是你给我五块钱，我陪你玩一个小时。

咪咪：一个小时是多久呢？

旁白：大猩猩拿出沙漏说。

大猩猩：上面的沙子全部漏到下面的时候，刚好是一个小时。

咪咪：可不可以便宜一点？我只有一块钱。

大猩猩：好哇！好哇！

旁白：大猩猩立刻把咪咪的一块钱收进背包里，沙漏里的沙子，开始计时了。

咪咪：我们来玩踩脚游戏，来，猜拳！

旁白：但是大猩猩不会剪刀、石头、布。咪咪看着沙漏着急地说。

咪咪：时间都给你耗掉了，快一点啊！我喊一二三，你把手伸出来。

咪咪：一二三。

旁白：大猩猩把右手伸出来，他的手指撑得开开的，咪咪也伸出手，她伸出的是两根手指头。

咪咪：我出的是剪刀，你出的是布，所以我赢了，你让我踩一下！

旁白：大猩猩还搞不清楚情况，就被咪咪"叭嗒"踩下去了。他叫了一声。

大猩猩：哎呀！

咪咪：很疼吗？

旁白：大猩猩揉一揉脚趾说。

大猩猩：不疼、不疼，我已经会了，很好玩！

旁白：接下来，大猩猩出的都是"布"，咪咪每一次出的都是"剪刀"，大猩猩只好被踩了一下又一下。但是好不容易有人和他玩，他巴不得沙子不要漏得这么快呢！第二天咪咪又来租大猩猩的友情了。大猩猩把一块钱放进背包里，沙漏又开始计时了。他们先猜拳："一二三。"咪咪以为大猩猩只会出"布"，所以她立刻就伸出了剪刀，没想到大猩猩出的居然是"石头"！咪咪输了，换她被踩一脚。大猩猩举起脚来，却看到咪咪闭着眼睛、歪着嘴巴的表情，他只好重重地举起来，轻轻地踩下去。

咪咪：奇怪，怎么不疼？

旁白：咪咪愣了一下，大猩猩又继续猜拳。因为他握紧拳头赢了一次，所以，他一直出"石头"，咪咪出"布"。大猩猩一直在输，他却又叫又笑，玩得特别开心，沙漏的沙子都漏完了，他还不知道呢。

（咪咪和大猩猩玩猜拳游戏。）

旁白：后来，咪咪每天都到大树下来租友情，她总是先把一块钱交给大猩猩，沙漏开始计时后，她就和大猩猩玩。

（咪咪和大猩猩玩一二三木头人游戏、讲故事，咪咪写作业，大猩猩趴着看。）

旁白：这一天，大猩猩没带小背包，只带了几片饼干，就走到大树下等咪咪，等了好久好久，咪咪一直没来。终于，一部大车子开过来，咪咪探出头来。

咪咪：喂！我没有钱了，而且我们要搬家了！再见！

旁白：大猩猩立刻追着车子，大声喊。

大猩猩：喂，我还没有学会出剪刀呢！

旁白：但是咪咪留下了布娃娃，远远地离开了。大猩猩失望地回到了树下。

大猩猩：哎！我今天没带背包，也没带沙漏，就是不想要收咪咪的钱，我还要请她吃饼干，可是她怎么走了！

旁白：大猩猩一面啃着饼干，一面想念咪咪。后来，大猩猩又在大树上贴了一片叶子，上面写着，我有友情，免费出租。一直到今天，那一片叶子都褪色了……大猩猩还在等他的一个朋友。

后来大猩猩和一直关注他的小动物交上了朋友。

二、课程实施

教育，是多种因素综合作用的过程。要想达到理想的教育效果，必须统筹考虑，同向发力。在课程实施方面，应综合运用多种教育因素，确保课程落实到位。

（一）架构故事教育时空环境

时间上，我们以一月一主题、一主题两个故事的进度开展故事教育园本课程，并按照省级示范幼儿园、市十佳幼儿园的标准合理规划地方课程与园本课程设置比重，将每天下午起床后的第一节活动课定为园本课程时间，并将园本课程与地方课程相融合，有效渗透到区域活动中（阅读区—看故事，听赏区—听故事，讲述区—讲故事，美工区—画故事，表演区—演故事）。甚至幼儿一日活动中的过渡环节我们也不放过，潜移默化地开展故事教育。下面是我们经过实践之后梳理出的适合过渡环节开展的故事活动，如表5-3-9所示。

表5-3-9　过渡环节适合开展的故事活动形式

过渡环节名称	可开展的故事活动形式
入园	自主阅读（看）、故事大讲台（讲）、好书分享
餐前准备	小嘴巴话故事（讲）、故事小广播（讲、听）
午休前	睡前一刻钟故事（听）
起床及午检	童话剧欣赏（看、听）、新书发布会
离园前	离园前安全故事（看、听）

空间上，一方面，从大处着眼，创设故事教育园所环境。设立了阳光书屋、故事电台、童星出版社、故事工厂四个功能室，在楼梯以及走廊里布置了多种呈现形式的绘本展，幼儿园里随处可见的绘本资源，增加了幼儿与故事互动的机会；将一侧楼梯布置成了阅读书梯，在三个楼梯拐角处设立了"悦吧""画吧""读吧"，在户外设置了故事涂鸦墙。图5-3-9为故事教育园所环境设计图。我们根据功能室所在楼层、空间大小等情况，合理安排相应的级部轮流活动，尽可能让每个功能室面向全体幼儿开放，满足幼儿的多元发展需求。表5-3-10为城关街道中心幼儿园故事活动功能室安排表。

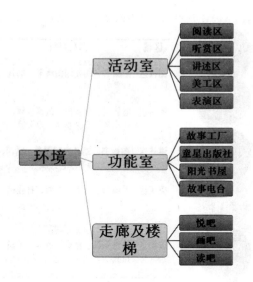

图5-3-9 故事教育园所环境设计图

表5-3-10 城关街道中心幼儿园故事活动功能室安排表

	阅览室	阅读书梯	读吧	童星 出版社	画吧	悦吧	故事工厂
周一	中一	大一	小一	大二	中二	中三	大三
周二	中二	大二	小二	大一	中一	中四	大四
周三							
周四	中三	大三	小三	大四	中四	中一	大一
周五	中四	大四	小四	大三	中三	中二	大二

　　另一方面，从小处着眼，创设故事教育班级环境。首先是设立故事活动相关区域，主要包括阅读区、听赏区、讲述区、美工区、表演区（图5-3-10），按照基础材料和拓展材料两个类别投放主题活动材料（图5-3-11）；其次是按照主题故事开展的进度及时更换班级故事教育主题墙。

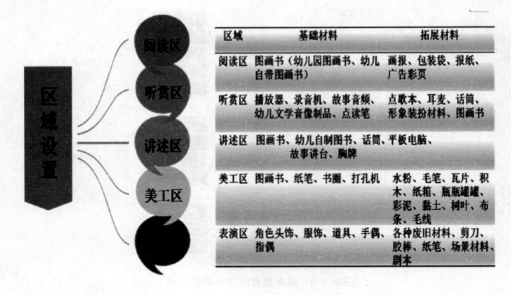

区域	基础材料	拓展材料
阅读区	图画书（幼儿园图画书、幼儿自带图画书）	画报、包装袋、报纸、广告彩页
听赏区	播放器、录音机、故事音频、幼儿文学音像制品、点读笔	点歌本、耳麦、话筒、形象装扮材料、图画书
讲述区	图画书、幼儿自制图书、话筒、平板电脑、故事讲台、胸牌	
美工区	图画书、纸笔、书圈、打孔机	水粉、毛笔、瓦片、积木、纸箱、瓶瓶罐罐、彩泥、黏土、树叶、布条、毛线
表演区	角色头饰、服饰、道具、手偶、指偶	各种废旧材料、剪刀、胶棒、纸笔、场景材料、剧本

图5-3-10　故事活动相关区域　　　　图5-3-11　主题活动材料分类

（二）多渠道丰富图书资源，做好图书分类管理

图书是开展故事教育的必备品。我们先后投资二十万余元为幼儿配备主题丛书一万两千余册，并通过与姊妹园互通有无、面向家长开展换书交友活动、图书义捐等多种途径丰富图书资源。为确保每一本图书真正服务于教学，我们实行图书分类管理。根据主题内容，我们将图书分为生活习惯类、生活能力类等八大类；根据用途，我们将图书分为阅览室用书、阅读区用书、集体教学用书以及图书借阅用书四类，详情见图5-3-12。

图5-3-12　图书分类

（三）研训学思四措并举，塑造故事教育专业团队

教师是实施教育、确保教育效果的重要因素。我们在当地教育局的支持与肯定下，成立了故事教育工作室。工作室每两周进行一次教学研究活动，经常性组织教师外出培训，两周进行一次读书分享交流活动，定期开展听评课活动，鼓励教师撰写教学反思、观察记录、书评。研训学思四措并举，为故事教育的顺利开展奠定基础，详情见图5-3-13。

图5-3-13　研训学思四措并举

（四）三段一体，优化教学过程

"三段一体"，即以课堂集体教学为支点，向前后伸延，形成课前、课中、课后三段，起到丰富主题经验—提高学习效果—拓展相关经验的实效。

课前—对接阅读区，通过多形式的"看故事""听故事"（见图5-3-14），进行广泛输入，丰富幼儿相关经验。

图5-3-14　"看故事""听故事"

课中—故事教学（见图5-3-15），在梳理整合的基础上，通过"自信讲""创意画""快乐演"输出，提高幼儿综合能力。

图5-3-15　故事教学

　　课后—区域延伸（见图5-3-16），将故事活动有效拓展到语言区、美工区、表演区等区域中，以点带面促进幼儿全面发展。

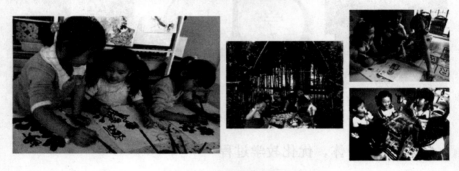

图5-3-16　区域延伸

　　主体故事教学结束后，我们将故事活动有效拓展到语言区、美工区、表演区、搭建区、益智区等各个区域当中，以点带面促进幼儿全面发展。例如，绘本《眼镜公主》主体故事教学结束后，在语言区设计阅读《眼镜公主》绘本活动，通过阅读绘本，让幼儿知道眼睛的重要性，了解保护眼睛的方法；设置了"故事小摸箱""故事迷宫"等游戏活动，让幼儿在摸摸、讲讲、拼拼、走迷宫的过程中大胆、自信地讲述故事情节，发展幼儿的语言表达能力；设置了"蒙眼抓人"户外活动，让幼儿在看不见的情况下游戏，提高动作的灵活性和敏捷性，让幼儿知道拥有健康、明亮的眼睛是多么重要。美工区设置了"自制图书"活动，让孩子们把自己知道的护眼方法绘制下来，并制作成"护眼秘籍"小书，幼儿的自制图书能力得到进一步提高。搭建区设置了"搭建城堡"活动，搭建中孩子们不仅巩固了已有的技能，还创造性地运用材料搭建了城堡的圆形屋顶，挑战了自我，拓展了搭建经验。表演区设置了"眼镜公主"

童话剧演出活动，幼儿根据对绘本的理解，声情并茂地进行表演，提高了幼儿的语言表达能力、艺术表现力。又如，在《咕噜牛小妞妞》主体故事教学结束后，我们在阅读区开展了阅读《咕噜牛小妞妞》绘本活动，通过阅读绘本，让幼儿知道遇到危险不惊慌，只要想办法就能避免危险；在户外活动区，开展"形影相随"活动，通过引导幼儿创造性地与影子做游戏，让其体验游戏的乐趣，提高动作的灵活性和敏捷性；在科学区开展"影子跑了"活动，通过探索影子变化与光照角度的关系，让幼儿学习记录太阳的变化，初步建立时间概念；在表演区开展《咕噜牛小妞妞》童话剧演出活动，幼儿根据对绘本的理解，声情并茂地进行表演，提高了幼儿的语言表达能力、艺术表现力。

（五）五种活动有效助推

活动是助推故事教育走向高潮的催化剂。我们在"五位一体"故事教学法的基础上，继续分"看故事""听故事""讲故事""画故事""演故事"五大类别有序推进故事活动，详情见表5-3-11。围绕看故事，我们开展了图书借阅、亲子阅读日、换书交友活动；围绕听故事，我们开展了故事爸妈进课堂、进区域，睡前一刻钟故事活动；围绕讲故事，我们开展了小嘴巴话故事、故事大王比赛活动；围绕画故事，我们开展了亲子自制图书评选、绘本展活动；围绕演故事，我们开展了亲子小剧场、情景剧全园展演活动，并择优在六一等大型活动中进行汇报演出。丰富多彩的活动，让故事教育落地生花，香气四溢。

表5-3-11　城关街道中心幼儿园多种形式故事活动一览表

故事活动形式	具体活动名称
看故事	图书借阅、亲子阅读日、换书交友
听故事	故事爸妈进课堂、进区域，睡前一刻钟故事
讲故事	小嘴巴话故事、故事大王比赛
画故事	亲子自制图书评选、绘本展
演故事	亲子小剧场、情景剧全园展演

下面是城关街道中心幼儿园开展的两场活动的详细方案。

城关街道中心幼儿园"世界读书日"主题活动方案

读一本好书，等于点燃了人生的一盏明灯。为培养孩子良好的阅读习惯，在2018年4月23日世界读书日即将到来之际，特开展为期一个月的"读书月"活动。

一、活动时间

2018年4月。

二、活动对象

全体教师、在园幼儿及家长。

三、活动内容

（一）教师方面

1.走进书海，共浴书香

每天中午12：00～12：30是教师读书时间，全体教师（除值班老师外）走进图书阅览室阅读，记录所读书目，并为1～2本优质绘本写出书评（或推荐理由）。

2.教师情景剧表演

每班至少一位老师参加，分两组，自由组团，自主选择剧目。

3.讲故事比赛

主题不限，要求内容健康向上，有教育意义，讲述时声情并茂、抑扬顿挫，可使用道具、课件等辅助，时间控制在3～5分钟，要求全体教师必须参与。

（二）家长方面

1.携手共进，相伴成长

每天晚间抽出15～30分钟的时间，陪孩子一起阅读，做好微信阅读打卡以及填好阅读记，读书月结束后，倡导家长分享陪读心得。

2."故事爸爸（妈妈）"评比活动

四月下旬组织故事爸爸（妈妈）评比活动，在园幼儿家长均可参加。

（三）幼儿方面

1.轮流走进各功能室

全园幼儿利用上午区域活动时间轮流走进各功能室，详情见表5-3-12。

表5-3-12 轮流走进各功能室安排

	阅览室	阅读书梯	读吧	童星出版社	画吧	悦吧	故事工厂
周一	中一	大一	小一	大二	中二	中三	大三
周二	中二	大二	小二	大一	中一	中四	大四
周三							
周四	中三	大三	小三	大四	中四	中一	大一
周五	中四	大四		大三	中三	中二	大二

2.幼儿戏剧表演

以班级为单位组织，每班至少1个节目，月末进行全园范围的展出。要求内容健康向上、符合幼儿表演特点，服装道具适合舞台演出，节目要求绘制演出宣传海报。

3."小嘴巴话故事"活动

每天利用过渡环节进行，优秀故事可以录下来通过"校园小广播"在餐前统一播放欣赏。

4.走进"新华书店""绘本馆"活动

倡导幼儿在家长的带领下走近社会的"图书资源"，在书海中体验阅读的快乐。

5."好书换着看"图书漂流活动

结合我园"图书借阅活动"，幼儿将家中自己喜欢的图书（2本）拿到幼儿园，开展"好书换着看" 图书漂流活动。

奖评办法：各项活动评选出的优秀选手、优秀作品将获得相应奖励，并作为"读书月"活动结束时"书香家庭""书香班集体"评选的重要依据。

城关街道中心幼儿园第一届童话节活动方案

为给幼儿创设倾听、感受、表达、创造的机会和条件，让幼儿走进童话世界，感受体验童话的美好，幼儿园决定组织开展首届童话节活动，具体方案如下。

一、活动主题

童心、童话、童年。

二、活动时间

2021年1月。

三、参加人员

城关街道中心幼儿园全体在园幼儿教师。

四、活动内容及形式

（一）活动内容

小班：动画；中班：绘本；大班：童话。

（二）活动形式

活动形式详情见表5-3-13。

表5-3-13　活动形式

形式	具体形式
看	看图书、看视频
听	睡前一刻钟故事、老师讲故事、点读笔讲故事、八点半枕边故事、亲子睡前故事
讲	独自讲故事、亲子讲故事、同伴分角色讲故事
画	泥塑、自制图书、搭建、拼插
演	cosplay秀、童话剧表演

（三）成果呈现

1. 在班级开展自主活动，多渠道给幼儿营造展示的平台。比如区域活动结束后进行分享交流，让孩子上台表演刚刚在表演区表演的故事。

2. 公众号每天推送幼儿的作品。

3. 现场展示：闭幕式现场展示幼儿的作品。

五、活动流程及安排

（一）前期准备（2021年1月4日～2021年1月11日）

各班级发起童话节倡议，并根据活动主题选取最受幼儿喜爱的动画故事、绘本故事、童话故事。

（二）开幕式（2021年1月12日）

时间：10：00～10：40。

形式：云直播。

每班2名教师带领5名幼儿代表到多功能厅活动，1名教师及其他幼儿在教室观看云直播。参演童话剧的老师及幼儿需要到达活动现场。

活动流程及负责人见表5-3-14。

表5-3-14　活动流程及负责人

具体流程	项目名称	负责人
流程一	教师童话剧表演	王晨　窦若菲
流程二	园长讲话	王凤萍
流程三	幼儿童话剧表演《猪八戒吃西瓜》《问路》	马丽莹　张婧

其他安排如下。

①云直播：推送童话节开幕式邀请函。

②环境布置：大厅、长廊及走廊环境布置。

③服装道具：购置服装，准备道具。

④现场准备：打扫卫生、现场布置、LED、电子设备调试。

⑤早上值班教师穿戴玩偶服装在幼儿园门口迎接幼儿入园。全体教师佩戴童话角色头饰。

（三）欢度童话节（2021年1月12日～2021年1月25日）

小班、中班、大班分别采用看、听、讲、画、演等多种形式欢度童话节，详情见表5-3-15。

表5-3-15　欢度童话节具体形式

形式	具体形式
看	看图书、看视频
听	睡前一刻钟故事、老师讲故事、点读笔讲故事、八点半枕边故事、亲子睡前故事
讲	独自讲故事、亲子讲故事、同伴分角色讲故事
画	泥塑、自制图书、搭建、拼插
演	cosplay秀、童话剧表演

小班布展及cosplay秀：1月20日

中班布展及cosplay秀：1月21日

大班布展及cosplay秀：1月22日

布展现场设在多功能厅，可根据疫情防控情况分批次进行。

在整个欢度童话节过程中，评选出阅读小达人、书香家庭、阅读新秀、故事大王、小小剧作家、小小表演家。鼓励全体幼儿参与，确保幼儿至少参加1项活动。

获奖幼儿及名单落实：王静静

奖状书写：宋剑敏（组长）、马圆圆、王蕊、王晨、窦若菲、高倩、刘洋

（四）闭幕式（2021年1月26日）

时间：9：00～10：30

形式：云直播

2名教师带领参演童话剧及现场展示讲故事的幼儿到多功能厅活动，1名教师和其他幼儿在教室通过云直播形式观看闭幕式，闭幕式项目及负责人见表5-3-16。

表5-3-16 闭幕式项目及负责人

具体流程	项目名称	负责人
流程一	园长讲话	王凤萍
流程二	幼儿讲故事	各班教师
流程三	幼儿童话剧表演 1.《熊出没》； 2.《彩虹色的花》； 3.《老鼠嫁女儿》； 4.《白雪公主》； 5.《海的女儿》	小班 中班 大班
流程四	颁发童话节奖状、奖品	王凤萍

其他安排如下。

①云直播：推送童话节闭幕式邀请函。

②环境布置：长廊环境布置及绘制演出海报。

③服装道具：购置服装，准备道具。

④现场准备：打扫卫生、现场布置、LED、电子设备调试。

⑤主持人：夏效兰。

⑥早上值班教师穿戴玩偶服装在幼儿园门口迎接幼儿入园。全体教师佩戴童话角色头饰。

六、其他安排

信息宣传：夏效兰；安全工作：宋剑敏。

后勤保障：王立福；拍照摄像：刘扬。

三、课程实施典型案例

（一）《菲菲生气了》故事教学及总结反思

1.《菲菲生气了》故事教学活动设计

6岁以前的情感经验能够影响人的一生，孩子如果此时性格暴躁、易怒甚至具有破坏性，则会对其今后的个性发展和品格培养造成不可扭转的创伤，进而影响孩子身心健康与人际关系的发展。因此，幼儿时期应注意培养幼儿情绪管理能力，帮助幼儿正确认识并以合适的方式疏导情绪，做自己情绪管理的小主人。笔者试图运用"五位一体"故事教学法，通过丰富多彩的故事活动，帮助幼儿正确认识情绪，以适宜的方式疏解情绪，并在灵活多样的故事教学活动中培养幼儿的早期阅读兴趣。"五位一体"故事教学法在本次活动中的运用情况如表5-3-17所示。

表5-3-17　"五位一体"故事教学法在《菲菲生气了》故事教学中的运用

	看	听	讲	画	演
集体教学	自主阅读第二部分：发泄坏情绪（菲菲是怎样发泄坏情绪的）	幼儿倾听教师声情并茂地讲述故事第三部分：欢乐一家亲	幼儿依据故事发生发展脉络图轮流讲述故事		
区域活动	阅读情绪管理类图书	播放器听赏故事音频：《菲菲生气了》	辩论赛：哥哥（姐姐）/弟弟（妹妹）好不好	自制图书：《消气秘籍》	音乐表演活动：《表情歌》

2.《菲菲生气了》故事教学活动实施过程

环节一：谈话导入，唤起情感共鸣。

教师抛出谈论话题："当你的玩具被抢了，你的心情会怎样？"幼儿对这个生活中常见的问题非常熟悉，提问立刻唤醒了幼儿的原有经验，孩子们纷纷做出回答："伤心""难过""不高兴""不开心""生气""非常生气""非常非常生气""愤怒"……教师注意到孩子们表达中情感的递进，为更加渲染气氛，引发孩子共鸣以及为故事教学的开展奠定情感基调，教师在低沉的大提琴背景音乐下进行小结："对，当我们玩得正起劲的时候，玩具突然被抢走，我们会感到伤心、难过、生气、非常生气、非常非常生气，甚至是愤怒。"教师用声音的高低来表示心情的糟糕程度，接着教师直截了当地介绍绘本故事："今天，老师给大家带来了一本绘本，叫作《菲菲生气了——非常非常生气》，让我们一起到故事中看看、究竟发生了什么事，菲菲为什么会非常非常生气呢？"

环节二：分段欣赏故事，提高幼儿的阅读兴趣。

教师结合绘本PPT声情并茂地讲述故事开始部分："当菲菲玩得正高兴时，她的姐姐一把抓住了大猩猩……姐姐用力夺走了大猩猩，菲菲跌倒在卡车上。"讲到菲菲跌倒在卡车上时，教师故意顿了顿，以唤醒幼儿的情感体验。此时，有的幼儿已经按捺不住，急于发表自己的看法："老师，菲菲会很生气。"教师借机设置提问，引导幼儿自主阅读："跌倒在卡车上的菲菲心情是怎样的？让我们到故事里去看看。请自主阅读图书第3~6页（见图5-3-17~图5-3-20），找出问题的答案。"

图5-3-17　图书第3页　　　　　　　图5-3-18　图书第4页

图5-3-19　图书第5页　　　　　　　图5-3-20　图书第6页

　　幼儿自主阅读过程中，每读到兴奋时，就忍不住和旁边的小朋友交流起来，有的孩子甚至模仿起菲菲生气的模样。三分钟后教师提问："菲菲心情怎样？你是怎么看出来的？"幼儿积极性较高，几乎所有的孩子都举手想要回答老师的提问，老师点了几个举手较高、心情较为激动的幼儿回答问题。GJL："菲菲很生气，我是从她翘起来的头发看出来的。"CZF边模仿菲菲的模样边回答："她很生气，她踢打，她还喷火。"ZJX继续补充道："她喷出的火把所有的东西都卷走了。"教师放手让幼儿自主阅读，激发了幼儿的阅读兴趣。为进一步丰富幼儿的语言表达，教师结合PPT声情并茂地讲述此段故事："哼！这下菲菲可气极了！她踢打，她尖叫，她想把所有的东西都砸碎，她发出火红火红的'咆哮'……菲菲生气了、非常非常生气……"

　　教师引导幼儿继续自主阅读，找出菲菲生气之后是怎样做的。本次自主阅读后，教师改用小组讨论的方法，先小组交流，再派代表发言。小组讨论的办法，更加激发了幼儿的阅读兴趣，幼儿你一言我一语，交流之后的回答在语言组织上更加流畅。YHC代表发言说："菲菲砰地一声关了门，跑了出去，她跑了很远很远。菲菲跑累了，便停下来走了一会儿，可她还是很伤心，便又低着头走了一会儿。突然，菲菲听见鸟的叫声，她抬起头，发现了一只很漂亮的鸟，她开心了许多。菲菲继续往前走，发现了一棵很粗很粗的树，菲菲爬上树，抱着大树坐了一会儿。她看了看前面的大海，感觉好多了，然后她爬下树，往家里走，她变得高兴了。"YHC的回答虽然不像书中的语言那么优美，但是非常完整清晰，从她的表达中，可以看出，他们小组对画面观察仔细，对菲菲的表情、神态及周围的事物都做了细致的观察，阅读时注意力较为集中。

故事的第三部分教师采用的是欣赏法。教师结合PPT，用温柔的语言讲述："屋子里暖暖的，香香的……一家人又在一起了，而且，菲菲也不再生气了。"讲到故事最后，教师又做了短暂的停顿，给幼儿回味和思考的时间。很多幼儿又急于表达自己的观点："老师，菲菲画了一张全家福，她很爱她的家。"唯美的画面、亲切的语言，再次唤起幼儿的情感共鸣，让他们体会到故事中以及生活中家人在一起的幸福感觉。

环节三：轮流讲述故事，提高幼儿对故事的整体认知。

教师出示《菲菲生气了》故事发生发展脉络图（见图5-3-21），采用轮流讲述故事的方式，引导幼儿完整讲述故事。故事发生发展脉络图清晰明了地将故事划分为"菲菲生气了""发泄坏情绪""欢乐一家亲"三部分，能够有效唤起幼儿对故事内容的回忆。三名幼儿能够基本完整流利地讲述故事，尤其是第一部分和第三部分，幼儿讲得绘声绘色。第二部分的开始，菲菲情绪的放大部分，幼儿也是记忆深刻，讲述起来较为生动，表情、动作到位，但是后面发泄坏情绪的部分由于书中语言出现了像"羊齿草""榛树""榉树"等生活中不常见的事物，对幼儿来说比较难，需要在教师的提醒下完成。

图5-3-21　《菲菲生气了》故事发生发展脉络图

环节四：经验迁移，进一步激发幼儿对图书的兴趣。

教师设计提问："当我们生气的时候，我们应该怎样排解自己的坏情绪？"提问将故事内容延伸到幼儿实际生活中，体现了故事源于生活又服务于生活的特点，同时也有效唤醒了幼儿的已有经验。幼儿结合自己的生活经验，畅所欲言："可以听听音乐，我心情不好的时候听音乐心情就会变好。""可以和我们的好朋友一起玩。"丰富的生活经验让幼儿对这个问题特别感兴趣，教师随后进行小结。

环节五：活动延伸——美工区自制图书《消气秘籍》，进一步激发幼儿参与阅读的兴趣。

教师在美工区投放了纸笔、打孔机、书圈等，引导幼儿将疏解情绪的方法尽可能多地画下来，并制成图书。幼儿对自制图书非常感兴趣，画起来专注认真，十足像一个小作者。但因为这是幼儿第一次尝试自制图书，经验较为缺乏，制作的图书重点集中在故事内容上，在图书的造型、环衬等布置方面比较欠缺，需要在后期逐步地引导。为了进一步激发幼儿自制图书的兴趣，教师在区域活动的分享评价环节，邀请个别小朋友在全班幼儿面前推介自己的新书，极大地激励了幼儿再次参加活动的愿望。"老师，我还没画完呢，区域活动的时候我要继续把它画完，"WYX兴奋地说。

3.《菲菲生气了》故事教学总结反思

（1）关于教学策略的运用及目标达成

优势：故事教学导入环节，笔者通过设计提问，让幼儿讲一讲当玩具被哥哥姐姐或者弟弟妹妹抢走后的心情，唤起情感共鸣，初次激发幼儿阅读故事的兴趣。分段欣赏环节，笔者采用了"五位一体"故事教学法中的"看、听、讲"三种手段。如绘本故事第二部分教师加入自主阅读，引导幼儿通过"看"，了解菲菲生气后的表现，并找出菲菲是怎样发泄坏情绪的。放手让幼儿自主看，当幼儿感受到自己被信任之后，阅读非常专注，大部分幼儿都能找到问题的答案，并乐于表达自己的想法。第三部分笔者通过声情并茂地讲述故事结局，让幼儿在温柔的话语中感受家人在一起的幸福感觉，体味故事带来的乐趣。讲述故事环节，笔者将整个故事划分为三大部分，即菲菲生气了—发泄坏情绪—欢乐一家亲，并用流程图的形式做成故事发生发展脉络图，采取轮流讲述故事的方法，引导幼儿讲述故事。故事发生发展脉络图的运用将故事简单概括化，帮助幼儿有效理解和加工故事，轮流讲述方式对幼儿来说既新颖又降低了讲述的难度，调动了幼儿参与活动的积极性。最后经验迁移的环节，笔者引导幼儿从故事中回到生活中去，引导幼儿思考当自己生气的时候该怎样排解自己的坏情绪。整个教学过程，孩子们积极主动、兴致不减，于是，笔者紧接着设计了延伸活动，即将自己排解坏情绪的方法画下来，做成《消气秘籍》，让幼儿体验自制图书的快乐。

不足及改进：轮流讲述环节，幼儿对第二部分"发泄坏情绪"后半部分的掌握不是很好，虽然基本能在教师的提示下较为完整流畅地讲述故事，但是，语言缺乏美感，应该在下一步的教学中加以改进。可以在讲述故事之前加入整体欣赏的环节，引导幼儿借助故事视频等完整欣赏故事，让幼儿在美的熏陶中学习书中优美的语言，丰富幼儿的语言表达。同时，为了弥补此次教学的不足，教师利用餐前准备时间重新播放了《菲菲生气了》故事视频，并在听赏区投放了故事音频和图画书，引导幼儿有效倾听。

（2）关于区域活动的设计及实施效果

优势：区域活动中，笔者围绕故事内容在阅读区投放了《生气汤》《生气的亚瑟》等多种情绪管理类的图书，满足了幼儿进一步了解和疏解自己情绪的需要。阅读过程中，幼儿对《生气汤》表现出浓厚的阅读兴趣，笔者抓住契机及时生成了做生气汤的律动活动，使得阅读和音乐有效结合，丰富了幼儿的阅读体验；听赏区投放了播放器以及《菲菲生气了》故事音频，满足了幼儿反复倾听故事的需要；美工区中，笔者引导幼儿自制图书《消气秘籍》，幼儿通过绘画的形式，将缓解生气情绪的方法画下来，装订成册，做成图书，幼儿在自制图书以及与同伴交流分享的过程中，收获了成就感和满足感；笔者围绕家庭中姊妹之间的小矛盾这一元素在讲述区设计开展了辩论活动——哥哥姐姐（弟弟妹妹）好不好，让幼儿在辩论中从根本上认识到兄弟姐妹的可爱，感受到家人在一起的美好，在辩论过程中，幼儿的语言表达能力得到了提升，体会了驳倒对手的成就感和满足感；表演区设置了"表情歌"音乐表演活动，幼儿在歌曲动人的旋律中扮各种鬼脸，体会了表演游戏的快乐，萌发了看更多情绪管理类图书的想法。讲述区及表演区的活动，是以故事中的元素为线索开展的，不作为本轮行动研究的重点，笔者设计和实施此活动的目的在于更好地了解此类活动对幼儿阅读兴趣培养的效果，从而为第四轮行动研究制定和调整研究方案奠定基础。

不足及改进：美工区幼儿自制图书的造型较为单一，没有环衬、封底等，仅仅是一页一页的图画，可见幼儿自制图书的经验比较欠缺，需要在后期有效引导。一方面，可以在阅读区增加"图书的身体"示意图，引导幼儿观察图书的封面、封底、环衬、作者等元素，让幼儿了解图书的构成以及作者；另一方面，在幼儿自制图书之前，可以引导幼儿利用"我的图画书构思记录表"对图书进行整体构思，确保自制图书内容完整、脉络清晰；另外，还可采用亲子自制图书的方法，借助家长的力量，丰富幼儿自制图书的经验。

（二）《眼镜公主》故事教学及总结反思

1.《眼镜公主》故事教学活动设计

《眼镜公主》这一故事讲述的是公主经常看电子产品，且姿势不正确，导致假性近视，闹出了一系列的笑话，如把3看成8，把小羊当作小狗喂骨头，把橘子当成网球打，把外婆看作妈妈……公主只好戴上眼镜，可是，戴上眼镜之后，麻烦事儿却有一箩筐，跳绳的时候会把眼镜甩出去，下雨的时候雨水会打湿镜片……于是，公主在医生的建议和指导下开始做各种努力，终于功夫不负苦心人，公主逐渐恢复了视力。故事旨在告诉读者，要注意保护好自己的眼睛。很大一部分幼儿存在写画时姿势不正确、爱玩手机、长时间看电视等不良习惯，个别幼儿出现了假性近视，为保护眼睛，有效预防近视，并在丰富多彩的故事活动中让幼儿爱上阅读，笔者特设计了《眼镜公主》这节故事教学活动。经过前期教学，幼儿的早期阅读兴趣培养初见成效，阅读能力明显提高，因此，笔者在本次故事集体教学中，设计了两个课时，第一课时依然沿用第一次行动研究的策略，运用"五位一体"故事教学法中的"看、听、讲"，意在帮助幼儿全面了解故事。第二课时主要运用了"五位一体"故事教学法中的"讲、演"；"讲"主要是帮助幼儿温习故事发生发展的脉络，演是本课时的重点，意在丰富早期阅读的形式，进一步激发幼儿早期阅读兴趣。"五位一体"故事教学法在本次活动中的运用详见表5-3-18。

表5-3-18　"五位一体"故事教学法在《眼镜公主》故事教学中的运用

	看	听	讲	画	演
集体教学（第1课时）	幼儿自主阅读故事第二、三、四部分	借助视频，让幼儿完整欣赏故事	幼儿根据教师出示的思维导图，尝试复述故事		
集体教学（第2课时）			幼儿根据故事发生发展脉络图复述故事		故事表演活动：《眼镜公主》

续表

	看	听	讲	画	演
区域活动		点读笔听赏故事	故事转盘游戏：《眼镜公主》	自制图书：《近视眼趣事》《戴眼镜的那些麻烦事》《护眼秘籍》	故事表演活动：《眼镜公主》

2.《眼镜公主》故事教学活动实施过程

（1）《眼镜公主》故事教学第1课时

环节一：故事导入，激发幼儿阅读兴趣。

教师抓住孩子容易受示范影响的心理，将故事做了改动，将公主近视的原因提到了前面并做了细致处理，通过直截了当地讲述公主近视的原因，也是生活中小朋友普遍存在的问题，试图引起幼儿的重视，激发阅读兴趣。教师讲述故事第一部分："小公主是胖国王和瘦皇后的女儿。小公主过生日的时候，叔叔阿姨们送给了小公主好多生日礼物，有手机、游戏机、电脑等很多的电子产品，小公主对这些电子产品爱不释手，经常玩到半夜，一段时间以后，可笑的事情发生……"

环节二：分段欣赏故事，提高幼儿的自主阅读能力。

教师设置提问："到底是什么可笑的事情呢？秘密就藏在我们的书里，让我们到书中找一找吧。"教师引导幼儿自主阅读故事第一部分"近视眼趣事"。由于幼儿有了自主阅读的前期经验，这次阅读，孩子们表现得跃跃欲试。阅读期间，每当看到搞笑的地方，都兴奋地手舞足蹈，忍不住和旁边的小朋友交流："公主喂小羊吃骨头，只有狗才吃肉骨头呢。""上课的时候老师指着3，公主却说是8，真搞笑。""公主把橘子当球打，橘子汁喷了大家一脸，呵呵！"孩子们兴奋地表达着自己的发现，阅读兴趣非常高。教师进一步提问，引导幼儿仿编故事："除了书中的这些搞笑的事情，你觉得，公主还会发生什么趣事？"幼儿的思维被打开，纷纷表达自己的想法："公主早上上学的时候穿了两只不一样的袜子。""公主错把小鸭当作小鸡对着它叽叽叽地叫个不停。"

教师结合PPT继续讲述故事，从"皇后找来了医生"讲述至"公主成了眼镜公主"，引导幼儿结合生活经验思考："戴上眼镜之后会有什么麻烦事呢？"因为幼儿在这方面的生活经验不足，回答仅仅局限于会让眼睛不舒服、会压痛鼻子之类。可见，幼儿对戴眼镜的危害及麻烦认识不到位。为了让幼儿充分认识到戴眼镜的不方便，增强保护眼睛的意识，教师引导幼儿继续阅读故事第二部分"戴眼镜的那些麻烦事儿"。幼儿在阅读的过程中，基本都能够理解图画中的内容。

幼儿连续自主阅读两部分的内容，不免出现视觉上的疲倦，为了增加阅读的趣味，提高幼儿的学习主动性，教师向幼儿发出倡议："让我们帮助公主摘掉眼镜吧！怎样做才能让公主逐渐恢复视力呢？"幼儿的积极性立马被调动起来，纷纷为公主想办法。"不能老玩电子产品""看电视要远一点""要多吃水果和蔬菜""不能躺着看书""要多到户外锻炼"……幼儿的办法可真多，甚至比书中的办法还要全面，教师及时肯定了幼儿的想法，并引导幼儿自主阅读故事第三部分"护眼行动"，补充丰富幼儿的已有经验。教师结合PPT讲述故事的结束部分："公主的眼睛变好了，东西全部看得很清楚，真是方便极了！公主好高兴，决定把她的粉红色小眼镜挂在墙上提醒自己——要爱护眼睛。"

环节三：整体欣赏故事，形成对故事的整体认知。

教师播放故事视频，引导幼儿完整欣赏故事。多媒体形象生动的特点，再次激发了幼儿的阅读兴趣，在观看视频的过程中，幼儿注意力高度集中，观看到有趣的地方，会出现捂嘴笑、小声交流等行为。

环节四：完整讲述故事，提高幼儿复述故事的能力。

教师出示故事发生发展脉络图（图5-3-22）——"近视眼趣事—戴眼镜的那些麻烦事儿—护眼行动"，引导幼儿完整讲述故事。由于本次行动增加了"环节三"，幼儿对故事有了整体的把握，复述起来更加轻松，三名幼儿都能够较为清晰流畅地讲述故事。

图5-3-22　《眼镜公主》故事发生发展脉络图

环节五：活动延伸——制作《护眼秘籍》，体验自制图书的乐趣。

教师引导幼儿将保护眼睛的方法画下来，制成《护眼秘籍》，并送给身边戴眼镜的亲人。这一活动激发了幼儿极高的制作热情，YYX小朋友说："我要把这本《护眼秘籍》送给我的妈妈，因为，戴上眼镜就不漂亮了，我要让我的妈妈成为最漂亮的妈妈。"幼儿在自制图书和赠送图书的过程中，感知了图书的有用和有趣。

（2）《眼镜公主》故事教学第2课时

环节一：引导幼儿温习故事内容，明确故事中的角色并熟悉角色对话。

教师出示《眼镜公主》故事发生发展脉络图，引导幼儿分别温习故事的三个部分。教师设置提问："故事中都有什么角色？"幼儿回答得基本完整，"有公主、国王、皇后、外婆、医生、厨师、外婆"。教师在此基础上提出了"旁白"这一角色，"当角色的表演不容易被观众看懂，或者当表演较为枯燥不适合表演的时候，我们可以用旁白念白的方式"。接着教师将公主、国王等八个角色的头像以PPT的形式在大屏幕上呈现出来，引导幼儿依据故事的发生发展，找出角色的出场顺序以及各个角色的行为及对话。幼儿对公主等七个角色的出场及对话掌握得较好，对旁白的出场则不是那么清晰。

环节二：表演故事，初步感受表演的乐趣。

教师出示角色头饰，邀请小朋友自主选择角色进行表演，其他七个角色都被幼儿选走了，只有旁白没人选。教师问："谁来演旁白？"幼儿都不愿意。孩子们说，"不会演""旁白太无趣了"，教师尊重幼儿的意见，决定亲自示范旁白的表演，以丰富幼儿的表演经验。

幼儿和教师进行故事表演。表演过程中，在旁白的提示下，幼儿基本能按照角色出场顺序顺利地进行表演，角色对话较为清晰、完整，但是，对于表演的神态、动作，幼儿并没有表现出角色该有的神情。为丰富幼儿的表演经验，带给幼儿更好的表演体验，教师组织幼儿开展了大讨论："谁的表演最好？好在哪里？怎样演会更好？"幼儿在讨论中，逐渐积累起对表演的认识。

环节三：分组制作表演脚本，开展故事表演。

教师引导幼儿自主分组，商讨故事表演的脚本。幼儿讨论之后，制作了简易的道具，开始进行表演。一段时间之后，教师邀请一组小朋友上台展示。因为有了前期较为充分的经验，幼儿很快能够融入角色进行表演，动作、神态均比较到位。

环节四：活动延伸，提升表演难度。

教师设置提问："除了公主等八个角色，故事中还可以有哪些角色？他和公主之间又会发生什么事呢？角色对话又是怎样的？"由于幼儿长期缺乏这方面的引导，想象力受到限制，思维打不开，于是，教师进行了示范，"还可以有小伙伴，公主每天都邀请小伙伴一起去户外做早操，这样我们就可以在表演故事的过程中加入音乐律动了"。个别幼儿在教师的示范下，开始大胆发挥想象。为充分打开幼儿的想象，教师将此活动延伸到表演区，并引导幼儿用绘画的形式尝试制作故事表演剧本。表演区中的表演，因为有了剧本作为辅助，幼儿基本能够按照出场顺序进行表演，动作、表情均较之前的表演有了不同程度的提高。

3.《眼镜公主》故事教学总结反思

（1）关于教学策略的运用及目标达成

优势：本次故事教学活动，研究者设计了两个课时。第一课时综合运用了"五位一体"故事教学法中的看、听、讲三种手段，并在延伸活动中设计了画故事；第二课时运用了讲、演两种方法。第一课时，笔者首先用简洁的语言导入，然后引导幼儿自主阅读公主近视眼后发生的一些趣事，当幼儿从书中找到答案后，笔者引导幼儿进行仿编，鼓励幼儿大胆想象近视眼的公主还可能闹出哪些笑话，幼儿的思路被打开，阅读兴趣被充分调动起来；教师引导幼儿继续自主阅读第三部分，找出公主戴上眼镜后的麻烦事；随之教师引导幼儿思考："如何帮助公主恢复视力？"在幼儿交流讨论后，自主阅读故事第四部分，从书中找到更多保护眼睛的方法。整个过程，幼儿都能够保持较高的阅读兴趣。第三环节，教师借助视频，让幼儿完整欣赏故事，形成对故事的整体认知。因为有了前期经验，幼儿在观看视频时注意力集中，看到兴奋的地方，尤其是眼镜公主近视眼后闹的笑话这一部分时，很多幼儿手舞足蹈，忍不住和同伴交流。第四环节，教师将二、三、四部分用故事发生发展脉络图的方式将故事呈现给幼儿，引导幼儿尝试看图讲述故事。此环节，研究者采取的是轮流讲述故事的方式，三名幼儿基本都能够语言流畅地讲述故事，而且两名幼儿都对故事做了拓展，加入了自己仿编的部分。第二课时为半日活动，活动中，教师在引导幼儿有效回忆故事的基础上，帮助其进行故事表演。首先，教师和幼儿一起将故事主体部分划分为三幕：近视眼趣事、戴眼镜的那些麻烦事儿、护眼行动。首先，幼儿在看图讲述的过程中，很好地温习了故事的内容及角色对话，为之后的表演活动打下了坚实的基础。其次，教师引导幼儿自主选择角色进行故事表演，表演之后引导幼儿进行讨论，讨论环节非常热烈，幼儿均能表达自己的观点，找出表演中比较好的地方，并对表演中的不足提出改进意见。再次，教师引导幼儿自主分组，绘制剧本，协商选择角色进行故事表演。剧本的制作，不仅让幼儿轻松记住了人物的出场顺序，更加激发了幼儿的表演热情。最后，教师提升表演难度，引导幼儿为故事增加更多的角色，使得表演更加精彩。

不足及改进：幼儿对故事中还可能有哪些角色回答得不是很到位，需要进一步引导。教师要在过渡环节多和幼儿看一些精彩的故事表演，并引导幼儿发表对表演的看法，如情节的发展、角色的设置、人物的动作和语言，以此丰富幼儿的表演经验。

（2）关于区域活动的设计及实施效果

优势：区域活动中，美工区笔者设置了自制图书活动，引导幼儿尝试用绘画的形式对故事进行表征。幼儿根据自己的喜好，自主选择"近视眼趣事""戴眼镜的那些麻烦事儿""护眼秘籍"进行自制图书，幼儿绘制完成后，主动与旁边的小朋友分享自己的图书，讲述得绘声绘色。其中GJL小朋友主动要求笔者在区域活动结束后的分享交流环节展示自己的绘本，并为其他小朋友讲述自己制作的图书。表演区中，故事表演活动活灵活现，出现了很多新的角色，小演员们声情并茂，经常惹得观众哈哈大笑，而且，在不断的演绎中，《眼镜公主》出现了两个版本，充分说明幼儿对故事有了充分的理解，并有了自己的想法。在表演的过程中，幼儿不仅对近视成因、戴眼镜的麻烦事儿、如何护眼有了进一步的了解，而且收获了合作表演的乐趣。

不足及改进：讲述区"故事转盘"这一游戏玩法属于单幅画面讲述故事，对于大班幼儿来说，较为简单，讲述没有难度，激发不起幼儿的讲述兴趣。教师应将讲述区调整为讲整个故事，采用故事大讲台或者使用点读笔录制的形式激发幼儿的讲述兴趣。甚至教师可以增加讲述的难度，引导幼儿对故事进行仿编。

（三）《跑跑镇》故事教学及总结反思

1.《跑跑镇》故事教学活动设计

《跑跑镇》里充满了创意，两个不相关的东西快跑、碰撞在一起后便会合体从而形成"新"物品。教师按照A＋B=C样式、C=A＋B样式、？＋？=？样式三个难度对绘本故事做了处理，引导孩子们通过对两种物品的观察，展开丰富的想象，猜测即将变成的新物品，整个过程充满了快乐。《3～6岁儿童学习与发展指南》重视幼儿想象力和创造力等良好学习品质的培养。因此，笔者试图通过《跑跑镇》这一充满创意和想象的图画故事培养幼儿的想象力，在帮助幼儿打开想象力的基础上让幼儿爱上阅读。而且，难能可贵的是，本故事中的A、B、C三个元素适合爸爸、妈妈、宝宝一家三口进行游戏，因此，本次故事教学，笔者设计成半日活动，在运用"五位一体"故事教学法的基础上，引入家长力量，邀请家长参与看、画和演的环节，让幼儿在亲子阅读愉快的气氛中感受早期阅读的美好。"五位一体"故事教学法在本轮行动研究中的运用如表5-3-19所示。

表5-3-19　"五位一体"故事教学法在《跑跑镇》故事教学中的运用

	看	听	讲	画	演
集体教学		教师声情并茂地讲述故事开始部分，激发幼儿的阅读兴趣	教师引导幼儿尝试用"××哒哒哒，××哒哒哒，咣，变成了××"的句式将故事内容表达出来	幼儿自制图书《跑跑镇》	
区域活动	亲子阅读《跑跑镇》及《跑跑镇》操作卡片			亲子自制图书《跑跑镇》	以家庭为单位，利用操作卡进行游戏表演

2.《跑跑镇》故事教学活动实施过程

环节一：故事导入，激发幼儿的阅读兴趣。

教师利用PPT出示图书封面，讲述故事的开始部分："有一个小镇，名叫跑跑镇，在跑跑镇上，居民们都喜欢快跑，跑着跑着，咣，免不了会撞在一起。"稍做停顿后教师故作惊奇状，继续激发幼儿的阅读兴趣："碰撞之后的他们会发生奇妙的合体，变成一种新的事物。"播放"哒哒哒"的脚步声。"听，镇上的居民们又跑起来了，让我们赶快到小镇上去看个究竟吧。"幼儿对合体表现出非常大的兴趣，都瞪大眼睛盯着屏幕想看个究竟。

环节二：走进绘本，大胆猜测跑跑镇中两个物体碰撞后的奇妙变化。

教师共按照A＋B=C样式、C=A＋B样式、？＋？=？样式三个难度层次依次展开教学，逐步打开幼儿的思维和想象。首先是A＋B=C样式。教师边播放第二、三、四张PPT（见图5-3-23），边拍手讲述故事："黑熊哒哒哒，白熊哒哒哒，咣，变成了一只熊猫。"奇妙的合体、朗朗上口的句式让此次阅读变得极具趣味性，"呵呵，变成了一只熊猫"，幼儿指着屏幕惊叹道。

图5-3-23　第二、三、四张PPT

教师引导幼儿学用习"××哒哒哒，××哒哒哒，咣，变成了××"的句式讲述故事内容。接下来是小猫和小鹰的合体，本次教师并没有直接告诉幼儿答案，而是让幼儿大胆猜测，孩子们异口同声地喊道："猫头鹰！"教师出示合体的图片及时肯定了幼儿的答案，让幼儿初次体验了想象的快乐和成功带来的成就感和满足感。教师再次引导幼儿将故事的内容用句式表达出来，幼儿沉浸在合体的快乐中，忽视了句式的学习，根本没有记住句式，只有几个小朋友能够跟着教师复述下来。第三个合体是女孩和海豚，这次回答正确的幼儿有所减少，但是并没有影响幼儿的阅读兴趣，幼儿在教师的引导下继续猜测馒头和肉丸的合体、红宝石和苹果的合体。幼儿对想象的兴趣明显高于对句式学习的兴趣，每一轮碰撞，幼儿关注更多的是合体后的新事物。

接下来是C＝A＋B样式的学习。教师出示斑马的图片，引导幼儿思考："斑马是谁和谁碰撞之后产生的合体？"本部分故事内容涉及的是逆向思维，对幼儿具有一定的难度，但是对于斑马幼儿还是很熟悉的，能够立刻说出是白马和黑马，教师再次引导幼儿用固定句式表达自己的发现。接下来教师出示消防车的图片，没有一名幼儿能够猜出问题的答案，教师引导幼儿寻求爸爸妈妈的帮助，在父母的帮助下，问题得以解决。

最后是？＋？＝？样式的学习。教师在展板上出示仙人球、小鱼、荷叶、拐杖、笤帚、老奶奶等若干形象图片，并设置提问："跑跑镇上的居民可真不少，哪位小朋友能够从中选出两位居民，使他们碰撞之后发生合体？"幼儿对这个活动表现出极大的热情，乐于表达自己的发现。教师最后借助PPT，引导幼儿猜测："男人哒哒哒，女人哒哒哒，咣，变成了？"幼儿没能猜出答案。教师出示一家人在一起的图片，温柔地说："原来是变成了幸福的一家人。"自此，故事有了一个完满的结局，也为后面的亲子活动奠定了情感基调。

环节三：亲子自制绘本，提升幼儿的创造力。

教师引导幼儿和家长以家庭为单位，进行亲子自制绘本《跑跑镇》的活动。活动过程中，孩子们兴致极高。LXD小朋友兴奋地说："爸爸妈妈，我来画你们来猜好不好？看看你们谁能猜对，猜对了有奖励呦。"这是幼儿园第一次组织两位家长都参与教学活动，家长的参与极大地激发了幼儿的学习热情。

教师引导幼儿把图书内容用固定句式讲给自己的爸爸妈妈听，家长则根据幼儿的讲述为插图配上文字。最后的分享交流环节，很多幼儿一手拿着绘本，另一只手高高地举起，想要在全班面前展示自己和爸爸妈妈的作品。

环节四：活动延伸，进一步体验亲子阅读的乐趣。

活动至此，幼儿兴趣不减。教师在阅读区、表演区分别设置延伸活动。在阅读区投放了《跑跑镇》图书及阅读操作卡片，幼儿或依偎在家长怀里，或和家长面对面坐，不时发出"哒哒哒、哒哒哒""咣"的声音，依然沉浸在阅读的快乐中；在表演区投放了各种各样的角色卡片，满足幼儿和家长进行表演游戏的需要。激动不已的CXF小朋友拉来老师观看他们的表演，只听见CXF对她的爸爸妈妈说："我来演公主，爸爸你演海豚，妈妈，你听见我们说咣的时候就变成美人鱼出来哈。"从幼儿的表演中，我们可以看到，在阅读兴趣培养的过程中，幼儿的阅读能力和水平也有了很大程度的提高。

3.《跑跑镇》故事教学总结反思

（1）关于教学策略的运用及目标达成

优势：在《跑跑镇》故事教学中，笔者引入家长力量，设计了为期半天的亲子阅读活动。集体教学中，笔者首先讲述故事的开始部分，引发幼儿的探索欲望。教学的主体部分，笔者遵循由易到难的教学原则设计教学，其中，A+B=C样式较为简单，极大地激发了幼儿的阅读兴趣，让幼儿体验了成就感。C=A+B样式属于逆向思维，对幼儿来说比较难，笔者有效借助家长的力量，突破教学难点。最后？＋？＝？样式属于幼儿仿编部分，笔者没有把故事完完整整地呈现给幼儿，只是选取了部分内容进行集体教学，剩余的部分则是将故事中的元素放手交给幼儿，借由幼儿的手将图书呈现，这样的设计极大地激发了幼儿的学习热情，也让孩子的学习由被动变为主动。另外，笔者设计句式"××哒哒哒，××哒哒哒，咣，变成了××"，并引导幼儿用此句式表现故事，朗朗上口的句式让阅读活动更具趣味性。最后，亲子自制图书环节再次将活动推向高潮，幼儿在亲子自制图书活动中表现得积极主动，完成后乐意将图书内容向大家分享。整个过程，幼儿兴致盎然。

不足及改进："××哒哒哒，××哒哒哒，咣，变成了××"这一句式虽然读起来朗朗上口，但是，在《跑跑镇》的学习中，教师反复强调用固定句式来表达自己的猜测和想象，在一定程度上限制了幼儿的想象。笔者应该在剖析绘本故事价值的基础上，将教学顺序稍微做一下调整，首先是激发幼儿的想象力，全部猜测完之后，再引导幼儿用固定句式进行表达。

（2）关于区域活动的设计及实施效果

优势：笔者在集体教学后，组织开展了亲子形式的区域活动，主要有阅读区自主阅读、表演区亲子表演，每个家庭自主选择活动玩法。亲子阅读过程中，幼儿阅读兴趣较高，能够和图书、操作卡片及家长有效互动。亲子表演活动中，幼儿比以往兴趣更加浓厚。WYX的爸爸说："我从来不知道图书还可以这么玩，孩子们玩得太开心了，以后要多抽时间陪孩子阅读。"可见，亲子阅读形式应该有效引进故事教学。

不足及改进：笔者在设计和组织区域活动时欠缺思考，有限的场地难以满足38个家庭的活动需要，活动过程中常出现拥挤及等待现象，很多家庭的活动效果受到限制。在以后的活动中，应充分利用幼儿园的阅读书梯、阅览室、故事加工厂等功能室，确保每个家庭都有足够的活动空间，以保证活动效果。

（四）《咕噜牛小妞妞》故事教学及总结反思

1.《咕噜牛小妞妞》故事教学活动设计

1999年英国著名儿童文学作家朱莉娅·唐纳森与德国著名插画家阿克塞尔·舍夫勒合作的《咕噜牛》缔造了数百万册的畅销佳绩，咕噜牛这只看起来憨厚又可爱的怪物迅速红遍全英国。《咕噜牛小妞妞》是继《咕噜牛》之后，朱莉娅·唐纳森与阿克塞尔·舍夫勒又携手合作推出的图画故事。令人惊喜的是，这次咕噜牛有了一个可爱的小宝宝——小妞妞。只可惜，那么多年过去了，咕噜牛始终活在小老鼠的阴影里走不出来，并且把这种恐惧扩大化了，还企图把这种恐惧带给小妞妞。可喜的是，小妞妞并没有丧失探索的精神，她半夜趁爸爸睡着了，自己一个人偷偷跑出去寻找爸爸口中令人恐惧的"小老鼠"，这是值得我们学习的。大二班幼儿在户外活动时，很大一部分幼儿爱规避风险，总是喜欢难度系数较小的活动，缺乏冒险的精神，部分孩子丧失了该有的胆量和勇气。因此，笔者设计了此次故事教学活动，试图让幼儿在轻松愉快的故事氛围中培养大胆、勇敢、冒险的精神，并进一步激发幼儿的阅读兴趣。在故事教学活动中，笔者用"五位一体"故事教学法来设计教学，集体教学中运用了"看、听、讲"，其中，讲这一环节加入了续编故事，引导幼儿充分发挥想象，体验创作故事的乐趣。"五位一体"故事教学法在本次活动中的运用如表5-3-20所示。

表5-3-20　"五位一体"故事教学法在《咕噜牛小妞妞》故事教学中的运用

	看	听	讲	画	演
集体教学	幼儿自主阅读故事中间部分，教师引导幼儿在阅读中探索：小妞妞在探险中都遇到了谁？发生了什么事？	借助视频，整体欣赏故事	1.分角色讲述故事，引导幼儿注意角色讲话时的语气和神情； 2.续编故事《小小妞》		
区域活动	自主阅读《咕噜牛》《咕噜牛小妞妞》	将故事中的角色对话制作成点读包，利用点读笔听赏故事，感受角色对话的趣味性	故事棋：《咕噜牛小妞妞》	自制图书《咕噜牛小妞妞》、续编故事《小小妞》	故事表演《咕噜牛小妞妞》、皮影戏表演《咕噜牛小妞妞》

区域活动中，除了在阅读区及相关区域中拓展故事内容外，笔者本着关注幼儿学习整体性的考虑，注重领域之间的整合。鉴于大班幼儿科学探究能力较强，对影子形成及造型变换颇感兴趣，因此，笔者尊重幼儿的兴趣爱好，以故事中的"影子"元素为线索设计了"形影相随""影子跑了""动物大解救"三个活动，在促进幼儿全面发展的同时，试图通过丰富多彩的活动进一步培养幼儿的阅读兴趣。以故事中影子元素为线索设计的区域活动如表5-3-21所示。

表5-3-21　以故事中影子元素为线索设计的区域活动

区域	户外游戏区	科学探究区	美工区
活动名称	形影相随	影子跑了	动物大解救
活动经验	能创造性地与影子做游戏，体验游戏的乐趣；提高动作的灵活性和敏捷性	探索影子变化与光照角度的关系，学习记录太阳位置的变化，初步建立时间概念	能够根据动物的影子形象判断是哪种动物

区域	户外游戏区	科学探究区	美工区
活动准备	户外宽阔的水泥地	彩色粉笔、记录纸	彩色粉笔、记录纸
活动过程	1.带领幼儿到户外水泥地上，请幼儿找一找自己和同伴的影子； 2.引导幼儿变换不同的动作并观察影子的变化，感受形影相随的奇妙和乐趣； 3.幼儿自由分组玩"影子变变变"游戏，看看哪组幼儿变出来的影子形象奇特且多样	1.选择有太阳的天气，选择一固定的观察物体； 2.引导幼儿用粉笔在地面上画出观察物体的影子，并记在自己的记录纸上，用图画的形式记录太阳与影子的位置； 3.2～3小时之后，教师带领幼儿再次观察同一物体的影子，同上一次一样画影子记录； 4.幼儿交流自己的发现，教师做小结	1.教师讲述故事，激发幼儿的活动兴趣； 引导语：森林里有一位老巫婆，老巫婆特别坏，一天，老巫婆念了念咒语，将整个森林里的动物变成了影子……让我们一起将小动物解救出来吧； 2.引导幼儿观察不同的影子形象，并猜测可能是哪种动物； 3.幼儿根据猜测在影子上选择适宜的颜色给动物涂色，将动物解救出来

2.《咕噜牛小妞妞》故事教学活动实施过程

环节一：设置悬念，激发幼儿的阅读兴趣。

"孩子们，还记得那只胆小又可笑的咕噜牛吗？很多年过去了，咕噜牛有没有变得勇敢呢？如今他已经有了自己的小宝宝，小宝宝叫作小妞妞，小妞妞是一个怎样的宝宝呢？让我们一起到故事中去看看吧。"教师一连串的提问及引导，有效唤起了幼儿的原有经验，并激发起幼儿对小妞妞的认知兴趣。

环节二：分段欣赏故事，体验小妞妞旅行的惊险。

教师结合PPT讲述故事第一部分，期间，教师重点引导幼儿认识了咕噜牛爸爸口中"大老鼠"的四个外部特征：非常非常壮、带鳞片的尾巴非常非常长、两只眼睛红红的很可怕、一根根的胡子比铁丝还要硬，渲染一种紧张的气氛，为小妞妞的探险之旅奠定基础。

教师引导幼儿自主阅读故事主体部分"小妞妞的探险之旅"。设置提问："在探险旅途中，小妞妞都遇到了谁？可能会发生什么事？"幼儿带着问题自主阅读，注意力较为集中，很快就找到了问题的答案，孩子们能够轻松说出小妞妞旅途中遇到的四个小动物，而且在猜测故事发生发展方面也表现出一定的想象力。CXY第一个发言，讲述的是小妞妞遇见小蛇的部分，她讲述的故事是这样的，"小妞妞小心翼翼地走在雪地里，突然，她发现雪地上有弯弯曲曲的脚印，她寻着脚印走过去，发现了一条很长很长的尾巴，小妞妞吓坏了，呲溜一下，一条蛇窜了出来，小妞妞仔细地瞧了瞧蛇，发现它并没有红红的眼睛，也没有胡子。小妞妞说：'吓死我了，我以为是大老鼠呢，请问你看见大老鼠了吗？'小蛇说：'我没看见，你继续找找吧！'于是，小妞妞继续往密林里走去"。教师及时肯定了CXY的回答并结合PPT声情并茂地向幼儿讲述了朱莉亚·唐纳森和阿克塞尔·舍夫勒在书中设计的故事："瞧啊，瞧啊！雪地里有痕迹！这是谁留下的？它会通到哪里去？……"教师重点和幼儿学习了小妞妞和小蛇的对话。小妞妞说："你不是那只大老鼠。"蛇说："我当然不是，它这会儿准在什么地方，吃着咕噜牛的蛋糕。"教师引导幼儿对小妞妞和小蛇说话时的心理及动作做了讨论，之后引导幼儿模仿，并邀请两名小朋友进行了表演。讨论效果很好，幼儿模仿得有声有色。

接下来遇见猫头鹰、遇见狐狸、遇见小老鼠的部分，教师在鼓励幼儿大胆猜测的基础上，引导幼儿学习用书中的语言"瞧啊，瞧啊！雪地里有痕迹！这是谁留下的？它会通到哪里去？"进行表达，感受图画语言的奇妙。在遇见小老鼠的部分，教师设置提问："你能不能替小老鼠想个办法逃脱？"提问激发了幼儿的想象，机智的小老鼠再次赢得了幼儿的喜爱。教师继续讲述故事至结尾，引导幼儿感受小妞妞的勇敢和故事结尾的幽默。故事详情见图5-3-24。

图5-3-24　小妞妞的探险之旅（遇见小蛇—遇见猫头鹰—遇见狐狸—遇见小老鼠）

环节三：整体欣赏故事，感受故事的惊险和有趣。

教师播放故事视频，引导幼儿整体欣赏故事，感受角色对话的幽默和小妞妞探险之旅过程中的心理变化。幼儿在观看视频的过程中，每次到角色对话的时候就表现得比较兴奋，会跟随视频进行模仿。

环节四：故事续编《小小妞》，激发幼儿的想象力。

教师引导幼儿充分发挥想象，续编故事《小小妞》，并将自己续编的故事讲给同伴听。幼儿在创编的过程中，思维被进一步打开。在YYX续编的故事中，小老鼠已经成为小小妞的"军师"，听从于小小妞并为小小妞出谋划策，在森林里占据了绝对的领导地位。在TKY续编的故事里，小小妞和小老鼠结为夫妻，快快乐乐地生活在一起，互相诉说着祖辈的恩恩怨怨。

3.《咕噜牛小妞妞》故事教学总结反思

（1）关于教学策略的运用及目标达成

优势：集体教学活动中，首先，笔者运用谈话导入，由幼儿熟悉的《咕噜牛》入手，轻松进入《咕噜牛小妞妞》的学习当中，幼儿兴致较高；其次，笔者引导幼儿自主阅读"遇见小蛇—遇见猫头鹰—遇见狐狸—偶遇小老鼠"部分，即故事的主体部分，让幼儿和小妞妞一起开启了探险之旅，其中，笔者运用了"分角色讲述故事"这一故事教学手段，让幼儿绘声绘色地进行角色对话，体味小妞妞既害怕又想探险的复杂心情，以及小蛇、猫头鹰、狐狸对小妞妞的恐吓（小蛇：我当然不是，那只老鼠这会准在什么地方，吃着咕噜牛蛋糕；猫头鹰：那只老鼠这会准在什么地方吃着咕噜牛肉饼呢；狐狸：那只老鼠这会准在什么地方，吃着咕噜牛肉干喝着热茶呢），让幼儿在不同角色的对话中彻底融入故事；再次，笔者借助视频，让幼儿完整欣赏故事，感受小妞妞的探险精神；最后，教师引导幼儿创编故事《小小妞》，激发了幼儿的想象力。小妞妞是怎样教育小小妞的，小小妞又会发生什么有趣的事？活动过程中，幼儿大胆发挥自己的想象，创编的故事已经完全超出了笔者的想象。

不足及改进：本次活动中故事续编的环节教师给幼儿限定了主题"小小妞"，虽然体现了故事的延展性，由咕噜牛到小妞妞再到小小妞，但实则教师的主导限制了幼儿的想象。教师认识到这一点后，调整教案选择隔壁的大一班进行试教，孩子们的想象得以更大程度地激发，主要围绕两点展开：一是小妞妞长大之后明白自己上当受骗了，开始实施捉鼠计划；二是小妞妞也有了自己的宝宝，宝宝又开始了新的探险，这点和老师之前的预设是一样的。创编完故事后，教师和幼儿一起给故事取了名字，分别是《小妞妞捉鼠记》《小小妞的大梦想》，活动圆满结束。

（2）关于区域活动的设计及实施效果

优势：区域活动中，我们在前面研究的基础上，除了以故事为体裁开展了看、听、讲、画、演的活动外，还增加了以故事中的影子元素为线索开展的活动，设计实施了户外活动区"形影相随"、科学区"影子跑了"、美工区"动物大解救"三个活动。"形影相随"活动通过引导幼儿创造性地与影子做游戏，提高了幼儿的灵活性和敏捷性。"影子跑了"活动通过引导幼儿探索影子变化与光照角度的关系，帮助幼儿学习记录太阳的变化，初步建立时间概念。"动物大解救"活动通过引导幼儿观察影子形状判断是哪种动物，发展了幼儿的观察和判断能力。以故事为体裁进行的看、听、讲、画、演的活动和以故事中的影子元素为线索开展的其他领域的活动，关注了幼儿学习的整体性，体现了领域之间的相互融合，实现了教育价值的最大化。幼儿在故事活动中，对探索影子产生了浓厚的兴趣，又在进一步与影子做游戏的过程中，爱上了故事，喜欢上了阅读。另外，笔者还将故事内容和故事中的"影子"充分结合，设计了《咕噜牛小妞妞》皮影戏表演活动，幼儿对这种全新的表演形式非常感兴趣，每次区域活动，选择《咕噜牛小妞妞》皮影戏表演活动的幼儿都非常多。

不足及改进：以故事中的元素为线索来设计区域活动，笔者只关注了影子这一元素，却忽视了其他元素的设计，如脚印、探险、动物的特征等。可以围绕脚印这一元素设计美工区"小脚印画"活动，围绕探险这一元素设计户外活动"密道战"，围绕动物的特征这一元素设计科学区"动物尾巴作用大"活动，进一步拓展幼儿的视野，促进幼儿全面发展。

第六章 故事教育课程的成效及推广应用

早期阅读的持续推进，一方面改善了幼儿的阅读现状，另一方面使幼儿在与故事充分互动的基础上促进了自身的全面发展。

第一节 故事教育课程的效果

一、全面改善了幼儿的阅读情况

早期阅读的开展成功培养了幼儿的阅读兴趣，提高了幼儿的阅读水平和能力，帮助幼儿养成了良好的阅读习惯。

经过为期一学年的行动研究，学期末，组织教师利用为期一周的时间，主要通过区域活动观察记录、问卷调查（《幼儿早期阅读兴趣行为表现家长评定问卷》）、访谈（家长、搭班教师）等方式对全园12个班级460名幼儿的区域活动情况再次进行统计、分析。通过统计并与行动研究前幼儿早期阅读兴趣状况做对比分析，从而得出本次行动研究的结论。

（一）阅读活动中，幼儿的主动性增强

我们以大一班的40名幼儿为例做分析对比。一周的时间里，大一班幼儿选择阅读区作为活动区域的为38人次，相较其他区域幼儿活动人次情况，进入阅读区活动的幼儿人数显著提高。具体情况如表6-1-1所示。

研究的过程中，我们发现，区域活动时，幼儿能够主动发起或参与阅读区活动，并在活动中表现积极踊跃；能够认真观察图书画面，猜测故事的发生发展，并随故事情节的发展表现出或兴奋或紧张等情绪，进行到高潮时，会手舞足蹈，神情专注投入；能够主动与同伴、教师交流故事内容以及自己对图书的意见；对自己喜欢的图书能够反复阅读，在阅读的过程中能够保持积极愉悦的

心情；能够将阅读与生活相联系，提出高质量的问题并主动向老师寻求帮助，进行有效互动。

表6-1-1　大一班幼儿一周内区域活动时选区的人次分布

	建构区	阅读区	表演区	益智区	角色区	美工区
周一	14	8	8	6	5	7
周二	12	6	11	3	6	8
周三	13	7	8	7	7	9
周四	10	8	7	3	9	9
周五	11	9	9	5	5	7
总数	60	38	43	24	32	40

（二）幼儿阅读时注意力集中，专注阅读时间增长

随着研究的深入，项目组成员在开展故事教学的过程中发现，各班级幼儿在进行阅读活动时，注意力明显好转。为真实掌握幼儿阅读时的注意力情况，四轮行动研究后，项目组教师再次设计组织了一次自主阅读活动。我们以大二班38名幼儿为例做分析对比。本次阅读活动中，更多的幼儿阅读时注意力较为集中，专注阅读时间增长，统计显示，自主阅读10分钟后，仍有一半以上的幼儿能够专注阅读，阅读过程中很少出现乱翻书以及频繁换书的现象，较行动研究之前有了很大程度的改善，具体情况如表6-1-2所示。

表6-1-2　行动研究前后幼儿自主阅读活动中注意力情况对照表

	开始时		开始后3分钟		开始后5分钟		开始后10分钟	
	前	后	前	后	前	后	前	后
专注阅读	38	38	21	38	17	30	2	23
乱翻书、换书	0	0	17	0	21	2	32	9
频繁换书	0	0	0	0	2	0	18	4
开小差、无所事事	0	0	0	0	0	13	0	2

研究过程中，很多家长反映，幼儿阅读兴趣明显提高，听故事时思路能够紧跟着家长讲的故事情节走，乱动、自己玩自己的、开小差等现象逐渐减少。行动研究后，为详细了解家庭中幼儿早期阅读兴趣情况，项目组再次发放问卷《幼儿早期阅读兴趣行为表现家长评定问卷》。本次调查发放问卷38份，回收有效问卷38份。调查结果显示，家庭中亲子阅读时幼儿注意力也显著提高，较行动研究前的问卷统计结果，数据发生了巨大转变。具体情况如表6-1-3所示。

表6-1-3　家长对幼儿早期阅读兴趣前后两次评定对照

	行动研究前（%）			行动研究后（%）		
	比较符合	完全符合	合计	比较符合	完全符合	合计
不听家长讲故事，自己玩自己的	33	14	47	6	0	6
家长讲故事的时候，在那儿乱动	19	50	69	17	0	17
听故事时，经常溜号	31	22	53	8	0	8
看书的时候不按顺序看，乱翻书	17	64	81	25	3	28
思路紧跟着家长讲的故事情节走	53	19	72	19	78	97
家长讲故事时，听到高兴的地方会鼓掌、欢呼	17	36	53	33	47	80
家长讲故事时，幼儿行为随着家长的表情和动作而变化	25	36	61	44	47	91
对于家长讲故事和自己看书都喜欢	22	5	27	36	53	89
看书的时候聚精会神，听不见旁边的人说话	11	5	16	53	17	70
自己看书时，喜欢与家长讨论故事书的内容	17	44	61	31	61	92

根据行动研究前后的对比数据可以看出，经过为期一学年的故事教学，大二班越来越多的幼儿喜欢上了阅读，而且阅读时注意力较为集中。主要表现在："不听家长讲故事，自己玩自己的""家长讲故事的时候，在那儿乱动""听故事时，经常溜号""看书的时候不按顺序看，乱翻书"几项行为在行动研究结束后数据基本为零。而大多数幼儿在亲子故事时间思路基本能紧跟着家长讲的故事情节走；在听家长讲故事的时候，听到高兴的地方会鼓掌、欢呼，行为跟着家长的表情和动作而变化；对于家长讲故事和自己看书都喜欢，看书的时候聚精会神，听不见旁边的人说话，自己看书时，喜欢与家长讨论故事书的内容。

（三）幼儿参与阅读的频次明显增加

以大一班幼儿为例。行动研究结束后，项目组教师对一周区域活动情况进行了细致观察，发现大一班幼儿选择阅读区及相关区域活动的幼儿人次明显增加。孩子们或看图书听故事，或二三人一组讲故事，或自制图书续编故事或扮演角色表演故事，还有的幼儿会用积木、拼插玩具搭建或者拼插故事中的角色或者场景，丰富多彩的故事活动形式让幼儿更加喜欢故事，喜欢阅读，阅读能力也随之提高。幼儿园大一班一周内选择阅读区及相关区域进行故事活动的幼儿人次分布如表6-1-4所示。

表6-1-4　一周内选择阅读区及相关区域进行故事活动的幼儿人次分布

	周一	周二	周三	周四	周五
阅读区	5	4	4	6	4
听赏区	2	2	2	3	4
讲述区	2	4	4	5	5
美工区	5	5	6	7	6
表演区	6	6	7	4	6
合计	20	21	23	25	25

　　根据家长每天在朋友圈关于"共携童书，相伴成长"亲子阅读打卡记录的统计结果来看，大二班每天晚间坚持亲子阅读的幼儿人数稳定增长，2018年12月份，每天晚间坚持亲子阅读的幼儿多达22人，一月中坚持25天以上的多达31人，约占全班总人数的82%，其余7名幼儿也均在20天以上，大二班幼儿坚持亲子阅读的情况明显好于其他三个班级。具体情况如表6-1-5所示。

表6-1-5　2018年12月份大班四个班级幼儿坚持晚间亲子阅读情况

	每天	25天-30天	20天-25天	10天-20天	10天以下
大二	22	9	7	0	0
大一	5	11	11	7	5
大三	2	13	16	6	2
大四	7	10	9	9	4

　　在访谈时，很多家长欣喜地表示，自己的孩子越来越喜欢阅读了。比如，GJL妈妈说："自从阅读活动开展以来，孩子的阅读量明显提高，每天晚上都能够坚持看图书，并主动让我们定期给她添置新的图书呢，现在每天晚上的亲子阅读时间是我们全家最享受的时光。"

　　CXY爸爸说："自从阅读倡议发出后，我们每天晚上坚持陪孩子一起阅读，妈妈上夜班时我陪着读，我上夜班时妈妈陪着读，有时候爷爷也会陪着XY读书，XY越来越喜欢读书了，经常讲故事给我们听。"

　　WYX妈妈说："我给YX买了书橱，现在YX已经读了好多好多书，书橱越来越满了。感谢老师的栽培。"

　　YYX的妈妈说："YX读书以来最大的改变就是说话清晰完整了，词汇量多了，我经常被她冒出来的一个新词给惊住，而且在陪伴孩子阅读的时光里，我也学会了静心思考，静心陪伴，在和孩子的沟通交流上也比之前顺畅了许多，这就是阅读的魅力所在吧。"

TKY的妈妈说："亲子共读是一件很有意义的活动。我与儿子共读了《睡前故事》《枕边故事》《神奇的校车》等，感触很深。刚开始，孩子对读书不是很感兴趣，但慢慢地他开始询问这个图是什么意思、那个图中的人物又在做什么等。渐渐地，儿子对读书产生了兴趣，读了几天故事之后，他开始尝试自己讲故事，能够复述几个简单的故事，如《尿床的小猴》《勇敢的小狗》等。现在，孩子更喜欢阅读了，经常央求我和他一起看书，阅读水平和语言表达能力也有了一定程度的提高，我们会一直和孩子读下去。"……

（四）幼儿阅读过程中的创造性表现能力显著提高

据家长反映，阅读时很多幼儿已不仅仅局限于图画书本身，他们经常对故事进行仿编、续编，甚至改编、创编。WHR家长说："HR经常要求我们和他一起表演故事，说下次亲子剧场一定要上台展现一番。"GMC家长说："我家MC已经自制了7本图书了，她总是自豪地对我说，妈妈，今天我把自己的新书和小朋友一起分享了，他们非常喜欢我的作品，老师也夸奖了我。"ZJX的家长说："在给孩子讲故事时，发现孩子中间会打断，提一些问题，有时把故事衍生到另一个结局，孩子的想象力让我们十分惊叹。"

二、促进了幼儿全面发展

多元故事活动的开展，在全面改善幼儿的阅读情况的同时，帮助幼儿收获了乐观自信的意志品质，养成了良好的生活与学习习惯，为幼儿入小学及终身发展奠定了良好的素质基础，有效促进了幼儿的全面发展。

以小班生活卫生习惯和生活能力为例，我们在"生活习惯养成"这一活动进行前后对幼儿的行为表现进行了一个评价。具体情况如表6-1-6所示。

表6-1-6　小三班30名幼儿生活卫生习惯调查问卷表（前测汇总统计表）

行为表现	基本掌握人数(前)	百分比	基本掌握人数(后)	百分比
自主进餐	12	40%	28	94.8%
穿脱衣物	16	53.3%	27	90%
洗手漱口	10	33.3%	28	94.8%
自主午睡	18	60%	29	96.6%

从表中可以看出，60%的新入园幼儿存在老师协助进餐、进餐速度慢、挑食严重等现象；46.7%的幼儿自理能力弱，穿脱衣服、鞋子困难；30%的幼儿午睡需要保育老师陪伴，入睡困难。由此可见，小班幼儿由于年龄小，生活自理能力差，家长包办代替得较多，许多习惯还未养成。有一部分幼儿虽然已掌

握洗手、漱口的正确方法，但是缺乏自觉性，没有老师的提醒和监督往往流于形式，没有起到真正的作用，究其原因，是幼儿对为什么餐前便后要洗手、饭后要漱口等没有真正理解，不是发自幼儿自身的需要，是为了执行老师的指令才去做，处于被动状态。

在"生活习惯养成"这一活动开展后，幼儿在原有基础上减少了不良的生活卫生习惯，逐渐养成了良好的习惯。94.8%的幼儿能独立进餐，饭后桌面较干净，基本不剩饭菜；90%的幼儿能把小衣服折叠好，鞋子摆放整齐，自理能力较强；94.8%的幼儿能主动在餐前便后洗手，并在餐后进行漱口，方法基本准确；96.6%的幼儿午睡安静，全园幼儿入睡率99.8%。

第二节　故事教育课程的相关成果

一、发展了幼儿

阅读活动开展以来，13个家庭被评为"临朐县书香家庭"；260余名幼儿在各级绘画比赛中荣获一、二等奖；180余名幼儿参演的童话剧先后在山东电视台少儿频道、临朐县电视台展播；每年都有大批量的幼儿荣获"故事大王""小小表演家""阅读达人"等荣誉称号。

二、成就了教师

故事教育园本课程的开发与实施，受益的不仅是幼儿，它同时带动了教师的专业化发展，尤其以故事教育工作室教师的成长最为显著。自故事教育实施以来，多名教师获全国研说教材大赛一等奖、市县级教学成果奖，部分教师荣获优"秀教育工作者""优秀教师""教改先锋""骨干教师""教学能手"等荣誉称号，数名教师提供市县级公开课；多名教师的多篇论文如《"五位一体"故事教学法》《故事教学的设计与实施策略》《基于学生核心素养提升的趣味学习机制研究》《故事教育助力孩子综合素养提升》《基于幼儿核心素养培育的故事教育研究》等在国家期刊发表或在全国获奖……国家教育部政策法规司张金惠司长曾为我园故事教育工作室亲切题词："以教师工作室为平台，打造草根名师团队。"

三、成就了幼儿园

幼儿园因故事教学特色显著入选潍坊市幼儿园教师培训实践基地、潍坊市十佳幼儿园，连续五年被评为"县学前教育工作先进单位"，连续两年在县学前教育亮点展评活动中取得第一名的好成绩。幼儿园每年都会接待大批同行参观学习。"五位一体"故事教学法和幼儿园故事教育课程研发与实践研究分别于2017年、2019年获潍坊市教学成果二等奖。其中两项成果均在全市推介，"幼儿园故事教育课程与实践"同时获潍坊市教学自主创新项目一等奖。《人民教育》《山东教育报》等多家媒体对我园的故事教育做了报道。

山东师范大学研究生导师、山东省教育管理研究会学前领域秘书长刘莹教授对我园故事教育园本课程给予了高度评价，她说："××幼儿园多元化的故事内容、多样化的学习方式激活了幼儿的学习积极性及创造性；助推了幼儿的发展并带动了家庭亲子阅读，打开了家园同步共促幼儿发展的新篇章。"

四、故事教育课程的推广及应用

我园利用故事开展早期阅读的实践探索，取得了较好的成绩，并得到了社会各界的认可。2017年11月24日，"五位一体"故事教学法在全市范围内推广；2017年12月28日，临朐新闻做了"特色教学为孩子提供优质学习体验"的报道；"基于培育全面发展幼儿的故事教育课程研发""基于培育全面发展幼儿的故事教育课程实践研究"分别于2021年4月、5月在全市"名师讲堂活动暨优秀教育教学成果培育培训工作会议""学前教育区域教研机制及'生态乡土'游戏观摩研讨会"上做典型推介；笔者先后5次在省、市、县等大型活动中做专题报告或典型发言；研究成果在山东威海、潍坊等地区被广泛学习和应用，实践效果良好。详情见表6-2-1、表6-2-2、表6-2-3。

表6-2-1　第1个实践检验单位情况

地区或学校名称	荣成市第一实验幼儿园
实践检验时间	2018年3月开始至2019年7月结束
承担任务	"五位一体"故事教学法
实　践　效　果（400字以内）	
该教学法在我园实施以来，不仅提高了孩子参与故事活动的积极性、能力和水平，而且丰富了教师对领域教学的认识，提高了教师梳理总结的能力。具体表现在以下几方面。	

一、发展了幼儿

1.幼儿乐于参与故事活动，并能在活动中大胆表现自己。76%的幼儿能够积极主动参加班级讲故事、故事表演展示活动。

2.幼儿阅读兴趣被进一步激发出来，阅读能力和水平大幅提高，养成了良好的阅读习惯。97.42%的幼儿每天平均阅读时间在半小时以上。

3.多元的故事活动，在发展幼儿的语言表达能力、艺术表现能力的同时，使孩子获得了全面的发展。

二、成就了教师

1.教师获得了一种有效的教学方法。该教学法成为教师进行故事教学的有效手段，幼儿园多次推出示范课、优质课。

2.给教师其他领域教学以新的启发。教师对故事及其意义有了重新的理解和定位，将故事成功引入其他领域的教学。

3.教师提高了研究能力。在研究实践中，教师的梳理反思能力、理论联系实际能力明显提高，多篇文章在各级论文、案例评选中获奖。

表6-2-2 第2个实践检验单位情况

地区或学校名称	荣成市青山路实验幼儿园
实践检验时间	2019年9月开始至2020年8月结束
承担任务	故事延伸活动研究
实 践 效 果（400字以内）	

临朐县城关街道中心幼儿园的故事教育在我园实践以来，使孩子获得了更加丰富多元的发展，帮助孩子有效解决了当下普遍存在的问题，其关于故事延伸活动设计的两条思路丰富并提高了教师对绘本故事的分析解读和对具体故事活动的设计能力，另外，多样化的亲子故事活动进一步密切了家园合作。

一、幼儿方面

1.多元化的故事内容、多样化的学习方式、多维度的学习理解，激活了幼儿的学习积极性和创造性，幼儿阅读能力和水平大幅提高，养成了良好的阅读习惯。

2.幼儿乱发脾气、任性等问题得到有效解决，并促进了幼儿的全面发展。

续表

二、教师方面	

二、教师方面

教师分析解读故事类绘本的能力明显提升，明白了理论与实践对接、故事教育与孩子成长对接的方式，切实促进了教师的专业化发展。

三、家园共育方面

通过"小手拉大手"活动带动了家庭亲子阅读，扭转了家长的育儿观念，帮助家长找到了陪伴孩子成长的方法，打开了家园同步共促幼儿发展的新篇章。

表6-2-3 第3个实践检验单位情况

地区或学校名称	青州市云门山中心幼儿园
实践检验时间	2018年3月开始至2019年7月结束
承担任务	故事教育资源研究
实 践 效 果（400字以内）	

自参与故事教育研究以来，我园积极主动参与故事教育资源库的构建，并分主题做好课程规划，定期推送故事目录和资源，家园同步开展故事活动，取得了良好的效果。

一、让幼儿获得了优质的图书资源

故事资源涉及人际交往、社会适应、生活习惯培养、生活能力提升等各个维度，定期以主题形式给孩子推送绘本故事资源，帮助孩子获得全面的发展。

二、促进了教师研究意识和能力的提升

课题研究过程中，我园参与了故事教育资源库的构建工作，在建构资源库的过程中，充分研读了《3～6岁儿童学习与发展指南》、（研究）幼儿阶段必备品格和关键能力，教师分析解读绘本故事的能力显著增强，研究意识和研究能力进一步提升。

三、实现了家园同步

定期推送主题故事教育资源给家长，充分利用亲子活动的形式，如亲子自制图书、八点半枕边故事、亲子表演、亲子讲故事等，探索家园同步推进故事教育的新模式，产生了较好的社会效果。

第七章　故事教育课程的结论及建议

第一节　故事教育课程的结论

在七年多的研究过程中，我们通过对行动研究中的数据进行全面的分析，在幼儿早期阅读方面得出了以下结论。

一、故事教学是培养幼儿早期阅读兴趣重要的突破口

故事对培养幼儿的早期阅读兴趣具有独特的价值。一方面，故事内涵丰富，涉猎领域广泛，能够满足幼儿的多种发展需求；另一方面，故事曲折变化的情节、充满梦幻色彩的意境，对幼儿具有强大的吸引力；再者，故事活动形式多元，符合幼儿的身心发展规律和阅读特点。在实践中，幼儿常常被故事中曲折离奇、充满惊喜的情节吸引，能够认真观察并大胆猜测故事的发生发展；对故事中的角色对话表现出浓厚的模仿兴趣，能够有声有色地进行故事表演；对自制图书、小嘴巴话故事等活动表现出极大的参与热情，能够积极参与多种形式的故事活动。实践证明，故事是幼儿喜爱的文学形式，故事教学是培养幼儿早期阅读兴趣重要的突破口。

二、"五位一体"故事教学法是故事教学的有效方式

看故事、听故事、讲故事、画故事、演故事"五位一体"故事教学法，能够打开幼儿的多种感觉通道，实现故事和游戏、绘画、美工、音乐、表演的有效结合，让幼儿在与故事充分互动的基础上实现学习目标，从而培养幼儿的阅读兴趣，提高幼儿的阅读水平和能力，保证了故事教学的效果。经过四轮行动研究，幼儿早期阅读兴趣明显提高，更多的幼儿愿意选择阅读区及相关区域进行活动，阅读频次增加，阅读时间增长，自主阅读时注意力明显提高，想象力得到很大程度的激发，幼儿能够对故事进行创造性续编。"五位一体"故事教学法较之传统的故事教学模式显现出独特的优势。拿看故事这一手段来说，相对于传统的PPT故事讲读教学，自主阅读有着独特的价值：第一，幼儿自主操

作图书，可以根据自己的兴趣点适当调节阅读进度，并反复阅读自己喜欢的画面，使幼儿有机会沉浸在阅读的快乐当中；第二，自主阅读保证了阅读的连贯性，有助于幼儿对故事的整体感知；第三，自主阅读有助于幼儿发现问题以及提升阅读能力。

三、家庭是培养幼儿早期阅读兴趣的重要力量

家庭教育是幼儿园重要的教育力量，能有效弥补幼儿园教育的不足。一个爱阅读的孩子，必然会有一位爱阅读的家长，家长的阅读行为能够激发和维持幼儿的阅读兴趣。行动研究前期，阅读区有固定的几个幼儿进入，笔者对这一现象充满了好奇，在接下来的访谈中，笔者了解到，这些孩子良好阅读习惯的养成得益于家长，家长经常在家里看书，无形当中给幼儿起了良好的示范作用。因此，笔者在大二班开展了"共携童书，相伴成长"亲子阅读活动，从微信朋友圈阅读打卡记录来看，幼儿晚间坚持阅读的频次较之前明显增加。家长的陪伴，让越来越多的孩子爱上了阅读。

四、领域之间的渗透与整合能极大调动幼儿活动积极性

《3～6岁儿童学习与发展指南》中指出：要关注幼儿学习与发展的整体性，注重领域之间的渗透与整合，促进幼儿身心全面协调发展。在设计故事教学时，要谨遵该文件精神，关注领域之间的渗透和整合，而不单单注重单方面的发展。如在《咕噜牛小妞妞》故事教学中，笔者设计了一系列的区域活动。在阅读区设计了阅读《咕噜牛小妞妞》绘本活动，让幼儿通过阅读绘本知道，遇到危险不惊慌，只要想办法就能避免危险；在户外活动区，巧用《咕噜牛小妞妞》中影子这一要素，设置了"形影相随"活动，引导幼儿创造性地与影子做游戏，体验游戏的乐趣，提高其动作的灵活性和敏捷性；在科学区设置了"影子跑了"活动，让幼儿通过探索影子变化与光照角度的关系，学习记录太阳位置的变化，初步建立时间概念；在美工区设置了"动物大解救"活动，通过引导幼儿对动物影子形象进行观察与辨别，发展幼儿的想象力；在表演区设置了"咕噜牛小妞妞"童话剧演出活动，幼儿根据对绘本的理解，声情并茂地进行表演，提高了幼儿的语言表达能力、艺术表现力。丰富多彩的活动，让幼儿在与影子游戏、互动的过程中，更加充分认识到小老鼠的智慧，对绘本故事有了更深的理解。实践证明，丰富多元的活动要比单纯的阅读活动更能激发和维持幼儿的阅读兴趣。

五、适时搭建"鹰架"有助于幼儿早期阅读兴趣的培养

苏联心理学家维果斯基提出"鹰架理论",认为在孩子学习的过程中,如果有父母或师长的陪伴与协助,适时适量帮助孩子搭建鹰架,则孩子的学习将会更顺利。在阅读中,笔者充分引进人力、物力为孩子搭建"鹰架",帮助幼儿克服阅读障碍。一是倡导成人"陪读",随时跟进指导,如在家中发起"共携童书,相伴成长"亲子阅读活动,在幼儿园中教师经常走进阅读区陪孩子一起阅读;二是利用点读笔实时点读,这样,即使老师、家长不在身边,孩子自己也能及时排除阅读障碍,有助于维持幼儿的早期阅读兴趣。

第二节　故事教育课程的教育建议

一、对幼儿园的建议

(一)重视幼儿早期阅读,多渠道丰富图书资源

《3～6岁儿童学习与发展指南》从健康、语言、社会、科学、艺术五个领域描述幼儿的学习与发展。其中,阅读是语言领域的重要内容。而且,丰富多元的早期阅读活动与健康、社会、科学、艺术教学相辅相成,共同促进幼儿的全面和谐发展,因此,幼儿园应重视幼儿早期阅读,注重培养幼儿的早期阅读兴趣,并通过多种渠道丰富图书资源。

1.设立图书专项经费

幼儿园要设立图书专项经费,专门用于购置幼儿图书。幼儿园教师具有较为正确的儿童观、教育观,在幼儿教育方面较为专业,因此,在选择图书方面较为专业。幼儿园拿出专项经费,用于购置丰富、多元且适宜幼儿阅读的图书,是丰富幼儿园图书资源的主要渠道。

2.与姊妹园"互通有无"

鉴于早期阅读对幼儿成长的重要性,很多幼儿园都比较重视早期阅读,阅览室图书资源都比较丰富。因此,为增加幼儿图书阅读量,保证图书配备结构趋向合理,应该加强幼儿园之间的联系,互通有无。此渠道一方面节省了资金,另一方面,也有助于各幼儿园开展经验交流。

3.发动家长力量

近几年来，越来越多的家长充分认识到阅读对幼儿成长的重要意义，几乎每个家庭都会定期为幼儿购置图书。另外，很多观念先进且经济条件允许的家长会为幼儿购置一些原装绘本。原装绘本价格较高，幼儿园有限的经费很难满足每个孩子的需要，因此，幼儿园可以发动家长力量，经常组织一些"换书交友""图书义捐"之类的活动，换着看好书，充分发挥每一本图书的价值。

（二）创设浓厚的早期阅读环境

环境是重要的教育资源，幼儿园应该充分利用功能室、楼梯拐角、大厅、走廊、楼梯、墙面等一切可以利用的环境营造浓厚的阅读氛围。幼儿园可以利用功能室或者楼梯拐角等空间设立用于讲故事的"故事电台"、用于画故事的"童星出版社"、用于表演故事的"故事工厂"；在走廊及楼梯布置阅读长廊或者阅读书梯，在走廊及楼梯的墙面上布置多种形式的绘本展。让幼儿在耳濡目染中接受故事的熏陶，尽情享受阅读的快乐。

（三）多形式培养教师组织故事教学的能力

一要加强教师培训，坚持"引进来走出去"的原则，让教师接受故事教学方面的培训，提高教师设计和组织故事教学的能力；二要引进名师，成立故事教育名师工作室，工作室定期开展教研活动，教师在名师的引领下学会分析故事的核心价值，探讨故事教学的有效方法。同时也为教师交流心得、切磋教法、分享经验提供平台，方便教师取他人之长，补己之短。幼儿园可借"世界读书日"这一契机，向教师发起阅读倡议，倡导教师每天中午轮流走进图书阅览室阅读，增加教师的阅读量；也可以定期组织老师讲故事比赛活动、教师读书沙龙活动、故事教学优质课评比活动，提高教师驾驭故事教学的能力。

（四）建立健全家校育人机制，家园同步推进故事教育

儿童良好阅读习惯的培养不是学校或家庭任何一方能够独立承担的，家校必须形成教育共同体，明晰角色定位，并且建立相应的协调育人机制，同步推进儿童阅读。

教育共同体不是简单的"1+1"，而是学校和家庭融合统一发挥作用。双方首先要对儿童阅读形成统一认识，包含内涵认识、价值认识、方法认识等；其次要明确各自在儿童阅读推进过程中的角色定位，学校作为项目的发起者，承担儿童阅读课程研发者、实施者、指导者，活动召集者和推动者等角色，家庭作为项目的重要合作伙伴，承担着课程实施的协同者、家庭阅读环境的创设者以及儿童阅读中的指导者、榜样示范者等角色。家校双方基于各自在教育共

同体中的角色，形成既有自身特色又能够与对方完美兼容的定位。

学校通过成立三组一会、开通一群一号等方式，建立家校协同育人机制。"三组"包括：项目领导小组，确定年度工作重点、人员安排，做好经费及后勤保障；项目研究小组，在深入分析儿童阅读发展目标的基础上研发儿童阅读课程、家庭儿童阅读指导手册；项目实施小组，具体实施儿童阅读课程，并指导家长在家庭中开展儿童阅读。"一会"是书友会，由家长组成，协助组织或发起"换书交友""图书义捐""亲子自制图书""亲子小剧场"等多种形式的亲子阅读活动，以及定期召开例会分享交流亲子阅读心得。"一群"是通过钉钉群，定期线上直播亲子阅读指导策略，实时解决亲子阅读难题，进行阶段性成果展示。"一号"是在公众号开辟工作室教研、本期推荐、阅读有方、经验浅谈、童语·童画·童趣五个栏目，及时保存研究成果、推荐主题阅读书目、推送亲子阅读指导策略、分享亲子阅读经验、共享创意阅读成果。

二、对教师的建议

（一）教师要加强理论学习，提高自身文学素养

通过访谈笔者了解到，大部分教师文学素养较低，缺少专业的文学理论支撑，因此，常对图书阅读浅尝辄止，停留在字面意思的层面，抓不准作者写作意图及核心价值，难以科学有效地开展故事教学。建议教师加强理论学习，通过阅读《早期阅读发展与教育研究》《学前儿童文学》《儿童文学概论》《幼儿图画故事书阅读过程研究》《我的图画书论》等专业书籍，学习儿童文学基础知识，提高自身对文学作品的分析和解读能力，提高自身文学素养。

（二）教师要重新审视和定位幼儿阅读，科学规划和设置阅读区

幼儿阅读不同于成人阅读，不能将二者等同起来。相较成人阅读，幼儿阅读的材料更为宽泛，形式更为多样。教师要重新审视和定位幼儿阅读，尊重幼儿的阅读特点和规律，科学规划和设置阅读区。传统的阅读区一般都会有"小嘴巴不讲话"之类的阅读规则，将幼儿阅读局限在安静看书，与幼儿的身心发展规律和特点相违背，导致阅读区无人问津，备受冷落。幼儿园要尊重幼儿好玩乐动的身心发展规律和阅读特质，将阅读区变静为动，有效拓展阅读区的内容和活动形式。一方面，教师可依据幼儿阅读的形式（看、听、讲、画、演）分别设立阅读区、听赏区、讲述区，并将画故事和表演故事有效拓展到美工区和表演区；另一方面，教师要尽可能在阅读区投放多元的阅读材料和辅助材料，如话筒、纸笔、手偶、指偶等，引发幼儿自主生成丰富多彩的阅读活

动，这在很大程度上能够激发幼儿的阅读兴趣，提高幼儿的阅读能力和水平。

（三）教师要从时间、空间两方面创设班级良好的阅读环境

　　环境是重要的教育资源，它通过潜移默化的方式对儿童产生影响。建议教师从时间、空间两个方面架构故事教育时空环境。时间方面，建议教师仔细阅读幼儿园一日生活安排表，对照教学实际，找出一切可以开展阅读的时间，并根据时间的长短以及后面将要开展的活动的特点，选择合适的阅读内容和形式。如教师可在餐前准备环节组织幼儿开展"小嘴巴话故事"活动，为幼儿讲故事提供平台；可在睡前开展"睡前一刻钟故事"，让幼儿伴着故事入睡；可在离园前，结合安全教育主题欣赏安全教育类故事视频；可在区域活动结束后的分享交流环节，邀请幼儿展示自己制作的图书或表演的故事，支持幼儿多种形式的故事活动。空间方面，首先，建议教师加强区域环境创设，投放多元化材料，让幼儿可说可写可画可演，满足幼儿多元化阅读需求。其次，建议教师布置阅读主题墙，对绘本故事进行解读，张贴好书推荐，将故事内容以及延伸内容通过绘画、手工等形式展现在主题墙上。最重要的一点，主题墙的布置要充分发挥幼儿的主观能动性，与幼儿一起布置，并考虑主题墙与幼儿之间的有效互动，从而更好地发挥环境育人作用。另外，建议教师尽量为幼儿营造宽松、自由、和谐的氛围，关心、尊重幼儿，为幼儿创设想说、敢说、大胆说的环境氛围，鼓励幼儿发表自己对图书的意见和看法，倾听幼儿的声音，支持幼儿对图画故事的创造性表达，为幼儿故事活动提供有效支持，为幼儿提供充分展示自己的机会。

（四）教师要提高鉴别和选择故事的能力，创新故事教育形式

　　第一，教师要树立正确的儿童观、教育观，选择适宜幼儿阅读的故事。

　　教师要持一颗童心，从幼儿的视角出发，从幼儿的生活经验出发，选择幼儿喜欢的故事；要为幼儿选择多元化的故事，以满足幼儿全面发展的需要；要遵循维果斯基"最近发展区"理论，图画故事难度应符合幼儿现有的生活经验、心理特点和发展水平，既不能太高，也不能太低，要让孩子"跳一跳，够得着"。为提高自身鉴别和选择故事的能力，教师要多读书、读好书，这是选择好故事的基础。教师要大量阅读图画书，深入了解作者的写作意图，分析解读作品所传递的核心价值，对比较好的图书可以尝试写书评，以此提高图画故事鉴赏能力，为幼儿选择优质故事。

　　第二，教师要大胆突破，创新故事教学的一般形式。

　　教师在组织阅读教学时，要突破以往"教师讲幼儿听＋提问互动"的传统模式，可依据故事本身和教育目标，适当增加讲、画、演的环节。比如，可

以出示故事发展脉络图，引导幼儿尝试复述故事，也可以采取轮流讲述故事的形式；可以引导幼儿用绘画的形式呈现故事，或者对故事进行仿编、续编、改编、创编；还可以加入表演的环节，在实际教学中要注意形式的趣味性以及可操作性，可以灵活采用童话剧表演、哑剧表演等幼儿自身承担角色进行的表演，也可以采用幼儿操作材料进行的表演，如手偶、指偶表演，故事沙盘表演和故事盒表演等。

（五）教师要提高观察记录能力，及时调整教学策略

有效的观察是指导的前提，同时也是我们调整教学策略的基础。教师应该加强对阅读区及相关区域幼儿行为的观察、解读能力。透过观察与解读，及时了解幼儿早期阅读兴趣点所在以及阅读能力的高低，了解区域材料投放及环境创设中的优势及不足，了解早期阅读兴趣培养中存在的问题，及时调整教学策略，优化区域设置和材料投放，从而更好地培养幼儿早期阅读兴趣。

（六）教师要给予幼儿与故事充分互动的机会

故事本身蕴含着丰富的教育元素，绝对不仅仅是教师向幼儿讲个故事那么简单。单从故事内容方面来说，就可以生成看、听、讲、画、演等多种形式的故事活动，而故事中的人物、角色形象、故事情节、主题、创意设计、语言等都可以引发幼儿活动，促进幼儿的多元发展。因此，教师需要给孩子充分与故事互动的机会，让孩子有机会去感受、欣赏故事中的人物角色，发现其中有趣的故事情节、充满创意的图书设计等等，让孩子自主选择用何种方式进行呈现。如在《眼镜公主》故事教学中，幼儿在充分了解故事内容的基础上，对故事中的人物角色产生了浓厚的兴趣，探索出了四种展现人物角色的方法：一是绘画表现，即用水粉、水彩、线条、拓印、油墨版画、刮画等多种形式在石头、气球、扇面、贝壳、涂鸦墙、绘画本、瓦片、PVC管、木片上呈现人物形象；二是手工表现，即用毛线、太空泥、废旧纸筒、手提袋、纸浆等多种低结构甚至无结构材料创意表现喜欢的人物角色；三是用插塑玩具、积木等拼插或者搭建人物角色；四是用绸带、眼镜、废旧报纸、包装袋、牛皮纸等物品装扮自己，来一场cosplay秀。只要给孩子与故事充分互动的机会，孩子自己就是最好的老师，能够推动活动进一步向深处发展，从而获得全面的体验和成长。

三、对家长的建议

（一）家长要积极配合幼儿园开展的故事教学以及早期阅读活动

家园携手，方能实现教育效果最大化，家长对幼儿园活动的重视程度往

往影响着幼儿的价值判断。在《跑跑镇》故事教学中，家长的参与最大程度地激发了幼儿的阅读兴趣。因此，家长要积极参加幼儿园组织的各项故事教学及早期阅读活动，如故事爸妈进课堂、图书义捐、换书交友、阅读沙龙、图书借阅、亲子剧场等活动，为幼儿树立良好的榜样，也让幼儿在温馨的亲情陪伴下更加享受图书带来的乐趣。

（二）家长要为幼儿营造浓厚的家庭读书环境

第一，身教大于言传，父母应首先养成良好的阅读习惯。在一个父母自身喜爱阅读，经常给孩子阅读的家庭中长大的孩子，其阅读兴趣及阅读能力通常较高。在前期资料的收集中，笔者发现一个有趣的现象：一周内选择阅读区活动的9人次当中基本都是固定的三名幼儿。访谈这三名幼儿的家长，他们一致表示自己本身就有阅读的习惯，也非常重视孩子的阅读。进阅读区最多的TKY的妈妈表示："我和KY的爸爸都喜欢看书，这是我们睡觉前的必修课。"可见，在培养孩子早期阅读兴趣的过程中，家长应首先养成良好的阅读习惯，给孩子树立良好的榜样。

第二，适当陪读，为幼儿阅读搭建"鹰架"。幼儿的阅读能力有限，成人适时搭建"鹰架"有助于帮助幼儿及时解决阅读中遇到的问题，使读书活动继续进行下去。而且，家长的参与，让幼儿和图书两者之间的关系变为家长、幼儿、图书三方的互动，家长参与幼儿的讨论，与幼儿一起交流对图书的感受，可以加深幼儿对图书的理解，更重要的是，亲子阅读可以让幼儿多一份甜蜜的体验。因此，建议家长每天晚上抽出固定时间专心陪孩子阅读，让孩子在爱的陪伴下享受图书带来的乐趣。

第三，增加幼儿图书藏书量，为孩子创设独立的阅读空间。书能够打开幼儿认识世界的窗户，拓展幼儿视野，培养幼儿的阅读兴趣，帮助其养成良好的阅读习惯，建议家长通过多种形式增加幼儿藏书量，满足幼儿阅读需求，并为孩子创设独立的阅读空间，让孩子在阅读的小天地里多读书、读好书。

第四，家长要把握好亲子阅读的三个时机。一是下班后，家长下班后可以给孩子带回一本新书作为礼物，把新书郑重地介绍给孩子，并全情投入地和孩子一起阅读，这是一种见效快、效果好的方法，尤其适合阅读习惯初养成的低幼儿童。二是家长与孩子共同约定一个固定的时间段作为每日的阅读时间，让阅读像呼吸、吃饭一样自然。三是节假日、周末和小长假可以带孩子走进附近的书店、图书馆阅读，寒暑长假可以带孩子到省图、国图走一走，感受图书的丰富。总而言之，家长应该创造条件让孩子接触更多的图书，给孩子更多阅读的可能性。

第八章　故事教育印记

第一节　家长陪读心得

陪读心得体会

小二班陈安琪妈妈

读一本好书，就送给孩子，这是传递智慧；读一本好书，就说给孩子听，这是分享快乐。有智慧，有快乐，就是一种幸福的阅读。经过较长一段时间的陪读，我对于亲子绘本阅读有了一些体会与感受。

第一，要明确阅读目标。

首先，家长们要了解孩子们现在为什么每天都要进行阅读，为什么我们要陪孩子们一起阅读。因为只有这样我们才能更好地、没有任何情绪地每天坚持做这一件事。如刚一开始我对每天要陪孩子读书有疑问，觉得孩子现在还小，每天让他们阅读，还要每天陪她读，有必要吗？真地抱怨过，就三天打鱼两天晒网，想起来就和女儿看，忙了就放下了。可是一次无意间我让女儿给我讲故事，发现之前给她讲的一些故事她都记得，并且讲得出乎我的意料。从那时起我就开始转变了自己的看法，并且每天带着愉悦的心情开始了和女儿的阅读之旅。当然这个过程不是那么的顺利，时间一长孩子就开始有厌烦的情绪，这个问题真地让我很头疼。面对这个问题我也开始心烦，可是越是这样，效果却越适得其反。所以说父母的态度和目标是很重要的，这就需要我们寻找更好的方法。

第二，因材施教。

现在这个年龄段的孩子们正处在对任何事物都感兴趣的时候，我们不可能像要求大人那样，对他们指手画脚，让他们做这个、做那个，这样的条条框框对于我们的孩子是有弊无利的。我觉得我们在陪孩子读书的道路上首先要对自己的孩子有一个充分的了解，然后适时地进行引导，从而带他们进入阅读的海洋。如孩子们什么时候想看书，想看什么书，喜欢什么书，等等，只有这样慢慢了解了孩子，孩子才能在阅读的时候看得更起劲、更有兴趣。我的小技巧：读书的时候都会指着每一个字给女儿讲，虽然她不认字，但是时间久了，耳濡目染，也会认识一些字，这也让我感到很欣慰；读书的时候不要老是生搬硬套地给孩子讲里面的故事，可以把绘本中精美的图画讲给孩子听，或者让孩子自己讲一讲、说一说图画中的内容，从而提高孩子们的阅读兴趣；阅读的同时要懂得聆听孩子们的话，对他们提出的"为什么"要积极地正面回答，如果不知道答案也可以问一下别人，让孩子们的好奇心得到满足，千万不能置之不理，或者嫌孩子们怎么问那么多的"为什么"。

第三，坚持+肯定+鼓励+耐心。

阅读不是一朝一夕的事情，不能今天高兴了就和孩子们读好多的书，明天心情不好了就不读或者让孩子自己看，父母这样的态度会让孩子感到失落，又会觉得伤心，所以我们应该每天循序渐进地坚持和孩子们一起读书。适当的时候给予孩子们鼓励，可以想个小办法让孩子们尝试一下自己讲故事，从而给予他们表扬。我就犯了一个致命的错误，导致女儿厌读了。记得前几天晚上打开手机看到女儿的小伙伴们都开始讲故事了，可是我家女儿还是在床上活蹦乱跳，就开始着急上火，对她说别玩了、讲故事时间到了，商量了好久，她终于答应看书了，可是当我让她讲的时候她就是不讲，我就商量让她跟着我讲，但是讲的时候声音很小，气得我说了一句："你讲的什么，我都听不见，一点都不好。"这时，女儿就哭了起来并对我说："你是坏妈妈，我不喜欢你了，以后不看书了。"这下我才意识到自己犯了一个严重的错误，之后那几天闺女的阅读兴趣一点也不高，我也没再逼她，慢慢过了几天就好了。所以说心急吃不了热豆腐，做事千万不能着急。

我觉得阅读也是大人和孩子们的一种语言交流，在阅读的过程中我们能够让孩子们学到更多的东西，从而也能发现孩子们的喜好、自己的不足，何乐而不为呢？孩子的习惯养成就这几年，我们陪他们的时间也就这几年，想一想等孩子们长大了，上小学了，不再需要我们的时候，是不是我们会失落呢？所以趁着他们需要我们的这个时候，多陪陪孩子们吧！

陪读心得体会

大一班尹涵锐妈妈

古人云，"遗子千金，不如遗子一经"。让孩子养成读书的习惯将是家长送给孩子一生最好的礼物。同时，家长是孩子的启蒙老师，也是相伴一生的朋友，陪孩子一起读书讲故事，这也是一件幸福且温馨的事，而且与孩子一起读书，可以使我们与孩子形成共同的成长记忆。现在，在孩子晚上睡觉之前，我都给她读一段睡前故事，让她听着故事甜甜地进入梦乡。双休日我就带她出去玩，并给她讲解在书上看到的动物、植物和农作物，让她体验大自然的美妙，感受科学的新奇和不可预知，让孩子感受到读书的乐趣。看着孩子兴奋的小脸，我的心里也升起一种温馨的感觉，这大概就是陪孩子读书的乐趣所在吧！

我们的亲子阅读时光让我感受颇深。与孩子一起读书，一起在书中感受故事的精彩、词语的优美，一起回味历史的厚重沉淀，体验自然的美妙……孩子在上幼儿园的时候，我们会给孩子挑选适合孩子阅读、容易理解的书，如《丑小鸭》《小熊不刷牙》《我爸爸》等。就这样，我们开始了陪孩子读书的历程。

安徒生笔下的这只丑小鸭，处处受排挤、受嘲笑、受打击。但它并没有绝望，而是始终不屈地奋斗，最终，变成了一只美丽的天鹅。通过长时间地陪孩子读书，我发现这不仅使孩子对读书增加了兴趣，而且在她不懂的时候我能及时帮她解答，她能在第一时间懂得书中的道理。另外，陪她读书还增进了我们的感情。看来，在孩子成长的道路上，有书香做伴，生活就会多一份乐趣，人生就会多一份精彩！

我们要把陪孩子一起读书进行到底。每天就算工作再忙，每天也要抽出一点时间和孩子共同读书。在充满亲情的氛围中，和自己的孩子一起沉醉于书的世界，享受读书带给我们的快乐！让孩子在一个乐于学习、与书为伴的家庭环境中，健康、快乐成长！

阅读心得体会

大三班尹孟宇爸爸

书是一颗小小的种子，当父母把它种在孩子的心田，用耐心去浇灌，小小的种子就会爆发出勃勃生机，长成参天大树，从而启迪心灵，滋养智慧。日月忽其不淹兮，春与秋其代序，书香的缕缕芬芳，正是孩子们成长中最美丽的痕迹。古人曰，"书中自有黄金屋，书中自有颜如玉"，而我却认为书中自有乐趣在，特别是陪孩子一起读书的时候。

孩子的世界，充满着纯真，洋溢着快乐。我们要走进孩子的世界，与孩子做到真正地零距离接触，亲子阅读是一次次快乐的体验。我深深体会到阅读是一种能给孩子带来无限乐趣的娱乐活动，同时，也是他们获取知识、开阔视野的一种方法。作为家长，我们在陪伴孩子阅读的过程中，也回味到了童年生活的幸福，同时也能体会到孩子们读书过程中的酸甜苦辣。为了让孩子尽可能多接触书籍，扩充他的知识面，营造读书的家庭氛围，在学校和老师的"亲子阅读"倡仪下，我特意在繁忙的工作中挤出时间和儿子一起读书。

我认为，陪孩子一起阅读，应该顺应孩子的心理特点，选孩子爱看的书，使他对书籍产生兴趣，不宜对孩子的阅读管得太死。同时，还要与孩子在一起交流读书的方法和心得，鼓励孩子把书中的故事情节或具体内容说出来，把自己的看法和观点讲出来，然后大家一起分析、讨论。如果经常这样做，孩子的阅读兴趣就可能变得更加浓厚，同时孩子的阅读水平也将逐步提高，这也是一个让他学会观察和提高想象力的好方法，家长再把自己看到和想到的告诉他，引导他以后学会自己去看、自己去想。就这样一个阅读过程，我们就不知不觉地和孩子一起陶醉在书的世界，一起享受读书带来的快乐与幸福。久而久之，孩子爱上了阅读，也和父母变得亲密无间，我们也在陪孩子阅读的同时，充实了自己，丰富了自己。

通过亲子阅读，父母与孩子共同学习、共同成长。阅读，为父母创造了与孩子沟通的机会。和孩子一起读书吧，让我们的家庭少一点烟酒味，多一点书卷气，少一些浮躁，多一些书香，为孩子树立一个爱阅读、爱学习的好榜样！

陪读心得体会

大一班陈帅浩爸爸

伴随着孩子一天天长大，做为家长，在享受孩子成长带来的喜悦的同时，我们感受更多的是困惑。教育的过程是不停尝试、探索的过程。也谈不上什么经验，只是想和大家一起分享一下教育孩子过程中的一些体会。

书是人类最好的朋友，读书的好处就不必多说了，但是培养孩子良好的读书习惯，却不是一件容易的事，它是一个循序渐进的过程，着急不得。有人说，孩子是父母的一面镜子，孩子的一言一行，无不折射出父母的影子。"自己爱好读书"，是激发孩子读书兴趣，培养孩子读书习惯最有效的方法。父母是孩子的榜样，是实实在在的、看得见摸得着的与他们同呼共吸的榜样，所以父母要循循善诱，身体力行，亲子共读，还要随时结合书中内容交流沟通读书的心得，这样可以加深印象，促进理解，为孩子营造一个书香家庭环境。

读书是一种很好的休闲方式，尤其是全家人一起读书的氛围，那更是妙不可言。引用《阅读的妈妈》中的一段话："你或许拥有无限的财富，一箱箱的珠宝和一柜柜的黄金，但你永远不会比我富有——我有一位读书给我听的妈妈。"孩子的智慧从哪里来？从妈妈讲的故事中来，从书本中来。有空的时候，我会很喜欢给孩子读书。在家里摆放书的时侯，最好在孩子的床头、书桌、沙发上都放些书，以便孩子随时随地都能接触到书，让孩子生活在书的怀抱里，受到书的熏陶，久而久之，孩子就会爱上读书。在培养孩子读书兴趣的过程中，我经常和孩子一起在书店看书。在书的海洋里，无数的读者或坐或立，都在如痴如醉地翻着自己喜爱的书籍，其中不乏孩子的同龄人。让孩子置身于书的海洋中，会给孩子一种强烈的熏染，常在书边逛，自会沾书香。有时回家的时候我会再买上一两本书。

现在，我的孩子马上要升入小学一年级，他们有了对知识的渴望，他们的思维开阔。一旦养成了爱读书的好习惯，就等于在孩子的心里安装了一台成长发动机，孩子未来的成长力量将会是无穷无尽的。

播下一种行为，收获一种习惯；播下一种习惯，收获一种性格；播下一种性格，收获一种命运！亲子阅读并不是终点，而是我们养成好习惯的开端，希望我的宝贝们能继续坚持阅读，让阅读陪伴我们成长！

陪读心得体会

大四班崔家祥妈妈

现在的家庭中，孩子就是全家的希望，家长都很希望自己的孩子能有一个良好的阅读习惯。阅读是一个人必须具备的一种能力，有了阅读才能去思考，有了思考才能判断，这是现代社会生活中一个人获得成功的基础。生存在终身学习的时代，面对日新月异的知识信息和价值多元的观念，需要通过与书不断对话，学会独立思考，因此阅读是学习的基础！

虽然我深知培养孩子阅读能力的重要性，但是由于平时工作忙等原因，我真正用于培养孩子阅读习惯和阅读能力的时间很少，而且我希望给孩子一个快乐的童年时光，也不想过早地在孩子不情不愿的情况下给他压力。因此就家庭实际而言，并没有刻意去培养孩子，只是平时希望孩子少看电视，想通过阅读转移他的注意力，也更希望通过阅读增加和孩子之间交流感情的机会，最终实现一举多得的效果。经过一段时间的努力，孩子知识的摄入量有所增加，我们与孩子的感情也更加融洽。

　　亲子阅读的回报和好处是立竿见影的，通过亲子阅读，我发现孩子的表达能力和自信心有了很大的提高，他愿意表达的东西逐渐多了起来，回家能把幼儿园学过的儿歌读给我听，也能讲述和小朋友之间发生的故事了。现在，孩子也会根据平时阅读的内容，自己编一些小故事，自言自语，或是讲给我们听。

　　我的自身体会是，培养孩子的阅读兴趣，最为关键的是亲子阅读。父母参与其中，增加与孩子的互动与交流，或是辅之以游戏，既能提高孩子的阅读兴趣，又能增进亲子之间的情感。特别是在亲子阅读过程中培养孩子的良好习惯、性格等效果可以说是事半功倍，至少比简单地说教，甚至是大声地批评、呵斥要强过百倍。

　　言传不如身教，要让孩子有良好的阅读兴趣和习惯，家长首先要喜欢读书。找一些书本来阅读，孩子耳濡目染，自然而然就会爱上阅读。随着孩子年龄的增长，孩子在阅读过程中提出的问题会渐渐多起来，自己得到的信息、体会也会增加，会和大人交流一些感受和对故事里主人翁的评价，至少我觉得阅读的目的达到了。

　　同时，我个人觉得亲子阅读中还要注意一些细节：要和孩子互动，跟着孩子的兴趣走。如果孩子喜欢提问题是再好不过的事情，对于他的问题不能应付，反而要激发他继续提问。重复讲述对于一个幼儿来说至关重要。孩子通过不断重复听故事，不断产生新的认识和更深入的理解。要真正乐意陪孩子阅读，不是应付式的，要始终保持一个乐于阅读的心态。

　　绘本是最好的伙伴，阅读是最好的礼物，书香四溢的童年是最幸福的童年，读书给孩子听，就好像和孩子手牵着手到故事王国里旅行。在这里，希望所有的大朋友、小朋友们都爱读书、会读书、读好书！让我们的书香越飘越远！

陪读心得体会

中四班王惠萱爸爸

　　每年4月23日是世界读书日，意在倡导大家多读书、读好书。作为孩子家长，我们深知阅读的重要性，读书不仅可以丰富知识，还可以使人更加聪慧、更加快乐。因此，我们希望给孩子创造一个良好的读书环境，让其从小养成爱读书的好习惯。每天睡前读书讲故事，可以让孩子在轻松愉悦的氛围中放松身心。让孩子知道哪些事是对的，哪些事是错的，从而养成良好的生活习惯，懂得一些做人的道理。

在家长和幼儿园老师的引导下，女儿渐渐地喜欢上了阅读。讲故事几乎已经成为睡觉之前的必修课了，每天晚上睡觉之前，女儿都要让爸妈给讲故事。每讲完一个故事，女儿都要再给我们讲述一遍，虽然不认识字，但她还是有模有样地指着书，一字一句地讲，很可爱。读的过程中还不时提出这样那样的问题，我们则给她耐心地讲解，让她明白其中的寓意和道理，让她在故事的海洋中自由自在地遨游。我们通过读书讲故事，使她明白是非善恶、真假美丑，从小正确引导和教育她，让她逐步树立正确的世界观、人生观、价值观。常言道，要做事先做人，可见让孩子明白做人的道理是多么重要。

特别是小朋友们都非常喜欢幼儿园为小朋友准备的图书。女儿每次翻开书本，都会被那色彩斑斓的图画和生动有趣的故事所吸引。通过一个个优美动听的小故事，女儿懂得了许多做人的道理。也许，这就是所谓的"小故事大道理"吧！

通过睡前亲子阅读，家长和孩子都受益匪浅。一来读书培养了孩子阅读的习惯，其中的故事，让孩子明白了一些简单的道理；二来读书促进了亲子关系，让孩子感受到了家庭的温暖。书是人类智慧的结晶，书是人类进步的阶梯，读书可以增长知识，读书可以使人更加睿智。因此，我们从小就应该培养孩子良好的读书习惯，让他们从书中不断汲取营养，从一棵小树苗长成参天大树。

陪读心得体会

大一班马敏文妈妈

阅读，是一种能给孩子带来无限乐趣的娱乐活动，同时，也是他们获取知识、开阔视野的一种方法。阅读越早开始越好。在孩子很小的时候，我们就会每晚睡前和他一起读书，在充满亲情的氛围里，和孩子一起陶醉在书的世界，一起享受读书带来的快乐与幸福。以下是我对亲子阅读的几点体会，与大家共勉。

第一，在亲子阅读中让我感触最深的是贵在坚持。

我们家长每日要为工作奔波劳累，下班回家还要忙家务等。即使心情好的时候能陪着孩子阅读，可总是不能做到持之以恒。实际上无论多忙每天睡前抽出15至30分钟的时间还是可以的。孩子们不会剥夺我们太多的时间，每天只要陪着他阅读15至30分钟就已经足够了！

第二，为孩子创造良好的阅读环境。

让孩子尽可能多接触书籍，营造读书的家庭氛围。家人在家也经常看书，并把看书当作一种乐趣，用自己的热情来感染孩子。同时还可经常与孩子在一起交流读书的方法和心得，鼓励孩子把书中的故事情节或具体内容复述出来。这样做，孩子的阅读兴趣就可能变得更加浓厚，同时孩子的阅读水平也会逐步提高。

第三，多给孩子讲故事，引起孩子看书的欲望。

孩子都喜欢听故事，家长在晚上睡觉前给孩子讲故事，同时告诉孩子，如果你会自己看书的话就会发现书里面有更多有趣的故事。在一定的时间段内，多数孩子对同一个故事或同一本书"百听不厌"，都会反复要求再讲一遍，对此爸爸妈妈一定要给予配合，此时是他记住故事情节、加深人物印象、理解词句意思的过程。我儿子就是这样喜欢上了看书，每天从幼儿园回家后，会经常自己翻看故事书，遇到不认识的字就问家长。

亲子阅读给了我不小的惊喜：我发现儿子在语言上有了很大的提高，能认识的字越来越多，我们为此感到欣慰，这都是孩子在平日的阅读中慢慢积累起来的。所以说每一次的阅读、每一次的陪伴都会在孩子幼小的心灵里涂上重重的一笔！

以上是我对于亲子阅读的理解，以及在与孩子进行亲子阅读过程中的一些体会，与大家共享，希望共同给孩子留下无形的财富。

第二节　教师教育故事

爱满心间

城关街道中心幼儿园　徐金凤

春去秋来，时光荏苒。不经意间，小班的宝贝们已经入园快两个月了。回忆过往，从刚入园时的哇哇大哭到如今的笑意洋溢，每个宝贝都在悄无声息地成长着。

从清晨的第一声"老师早上好"，到傍晚的一声"老师再见"，我在陪伴孩子成长的同时，他们也在陪伴着我，于我而言，这未尝不是一种成长。

孩子是每个家庭的希望，他们同样也是独一无二的，所以大部分家庭中的家长都会以孩子为中心，为孩子包办好一切，导致有的宝贝自理能力有所欠缺。刚入园的时候，有的小朋友不会穿鞋子，有的小朋友不会吃饭，需要人喂，也有的小朋友需要人搂着才睡觉，各种突发情况应接不暇。虽然手忙脚乱，但温馨和爱的种子也在这一方小小天地里慢慢地生根发芽。

涵涵是个活泼可爱的小暖男，记得刚进入幼儿园的第一天，或许是还沉浸在新环境带来的新鲜感里，他不哭也不闹，表现出出乎意料的乖巧，我们老师都觉得这是最让人省心的小宝宝了。第二天，或许是已经意识到了上幼儿园就意味着要与爸爸妈妈分离一天，他开始不停地哭闹，有时候一整天都在哭着喊着要妈妈，老师只好走到哪里都牵着他，中午抱着他睡觉，引导他去和小朋友一起交流沟通，慢慢地，他的脸上开始有了笑容。一天早上，他蹦跳着跑过来："老师，我要给你一个惊喜！"不太标准的普通话带着些许方言的稚嫩语气逗笑了我们，他张开小手，一朵小花安静地躺在他手心里，虽然因为小手用力握着，小花已不再鲜艳，但那是我收到的最大的惊喜！

书娴是一个文静内向的小女生，刚来幼儿园的那段时间，早上送孩子入园是最困难的时候，看着孩子哭泣的脸庞，爸爸心疼不已，几度想让孩子暂停入园。在与我们耐心沟通之后，妈妈决定坚持下来。某天清晨孩子入园时，妈妈在孩子手心里留下了一个吻，出乎意料的是孩子那一天都比较乖巧，不再抽泣，脸上也开始绽放笑容。从那以后，每天清晨在手心里留下一个吻成了必修课，这成功地帮孩子度过了入园焦虑期。这个方法后来也在家长之间流传开来，效果出奇得好。这件事也让我明白了我们不能拘泥于我们现在仅有的认知，我们也是需要不断学习、实践的，需要与家长们不断沟通，才能明白孩子更需要什么，才能找到最适合孩子们的方法。

孩子的爱是单纯的，你爱他，他就会用双倍的爱去回应你，一个多月相处下来，孩子们开始对我敞开心扉，有时候会告诉我一些属于他们的小秘密，"老师，我告诉你一个小秘密，妈妈昨天带我去看小恐龙了！"佳月小朋友会轻轻走到我跟前，小心翼翼地为我拿开粘到嘴边的头发；俊希小朋友会为我吹吹受伤流血的手……感动之余更多的是欣喜，因为孩子与我之间的信任正在慢慢建立，虽然只是一些不起眼的小事，但我知道爱的种子正在孩子们心中慢慢生根发芽。

苏霍姆林斯基说："一个好的教师意味着什么？首先意味着他是这样的人，他热爱孩子，感到跟孩子交往是一种乐趣，相信每个孩子都能成为好人，乐于跟他们交朋友，关心孩子的快乐与悲伤，了解孩子的心灵，时刻都不忘记自己也曾经是个孩子。"每个孩子都是一块闪闪发光的金子，都需要我们用爱去细细地打磨、雕琢。让教育从爱开始，让爱在教育中传递，让我们的宝贝们去感受爱的力量，让爱洒满心间！

宝贝，我爱你们

城关街道中心幼儿园　王旎

有一个温馨的班级叫作"小四班"，有一群可爱的孩子叫作"小四班的宝贝"，有三个"神通广大"的大朋友叫作"小四班的老师"。

时光飞逝，转眼间班里的宝贝们已经入园快两个月了。在这近两个月的时间里，孩子们哭泣过、难过过，但更多的时候班里充满了孩子们的童言稚语和欢声笑语。

每天清晨，伴着朝阳，我满怀着关爱来迎接可爱的孩子们。他们性格各不相同，有的乖巧文静，有的活泼可爱，有的淘气顽皮……无论孩子们是什么样的性格，无论他们表现如何，我都微笑着善待他们中的每一个。

俊希和浩琳小朋友是新入园幼儿中哭得最厉害的两个小朋友，他们第一次与父母较长时间地分离，内心充满了焦虑与不安，早上都会嚎啕大哭，哭着喊着"我要找妈妈，找妈妈"。面对这种情况，最开始的我不知所措，不知道该如何处理，不知道用什么好的方法能让孩子不再哭泣、安静下来。这个时候，有着较多经验的徐老师和刘老师发挥出了她们"超人妈妈"的作用，她们用温暖的话语安慰着孩子，用强有力的臂膀，将孩子抱在怀中，与此同时，我也向两位搭档学习，用细心、耐心、爱心对待俊希和浩琳，对待班里的每一个孩子。渐渐地，孩子们的哭声越来越少，笑脸越来越多，进步越来越大！

"早上好，老师"，伴随着孩子们礼貌的问候，我知道美好的一天开始了！"王老师，你头顶上的蝴蝶结真好看"，佳月指着我的头顶说。"老师，我的好朋友是欣彤哟！""王老师，我爸爸带我去游乐场啦！"一声声的王老师、一句句纯真的话语、一张张可爱的脸庞，都让我觉得我是这世界上最幸福的人！

面对班里的三十六个孩子，我们三位老师扮演着极为重要的角色——我们是他们的老师，是他们的妈妈，也是他们的好朋友，我们是他们认识世界的启蒙者和引领者。我们传授给孩子们知识与技能，传授给他们传统的美德与道理，为孩子一生的发展奠定良好的基础。他们纯真稚嫩、好动爱闹，他们是祖国的花朵，是父母心中的宝贝。当父母们把孩子稚嫩的小手交付于我时，是对我的信任，同时他们也对孩子充满了期盼！

宝贝们从家里来到幼儿园这个大环境，来到小四班这个特别的小家庭里，需要不断地适应，逐渐体会到班级里的温暖与爱。作为老师的我们，要尊重、热爱每一个幼儿，走进孩子们的童心世界，用爱心和微笑包容关爱孩子，引导孩子喜欢自己的班级，喜欢和班里的其他孩子做好朋友，喜欢老师。

有人问，教育的根基是什么？那当然就是爱了，没有爱就没有教育。我爱幼儿园，我爱我的班级，我爱班里的每一个孩子。在日常生活中，孩子们的每一个细微的变化都牵动着我的心，当孩子们有进步时，哪怕只是学会了一首简单的儿歌、一段简短的手指操，我所体验到的那种成就感，是其他任何事情都无法比拟的。

我是教师，是一名普通的幼儿教师，在班里我没有三尺讲台，却有更广阔的空间，没有桃李芬芳，却有更香甜的回味，也许很少有人在成功的时候能想起自己幼儿时期的老师，也许我所做的一切只能给孩子们一个懵懂的回忆，但我依然不会后悔我所做的这一切，因为我爱我的班级，我爱我的孩子们！

和孩子一起成长

城关街道中心幼儿园　窦若菲

雨果说过："比陆地宽广的是海洋，比海洋宽广的是天空，比天空还要宽广的是人的心灵。"而我，正是一位塑造孩子们心灵的幼儿教师。

在幼儿园里，欢乐洋溢在每一张宝宝的小脸上，善良充溢着每个宝宝的心灵。行走在童心世界里，我倍感骄傲与自豪。选择幼教就选择了微笑与欢乐，我骄傲我是一名幼儿教师，我骄傲我生活在一片净土上！从我走进幼儿园的那一天起，我就告诉自己要让班里的每个孩子都能度过幸福、快乐的三年，带着这样的爱与信念，我开启了我的幼儿教师生涯！

2018年8月，我来到了城关街道中心幼儿园。在园工作的这两年里，我学到了很多，这与幼儿园给我们青年教师创设的许多锻炼机会和活动是分不开的。听课、上课、参加各种教研活动……磨练了我的意志，提升了我的教学能力，也让我有幸目睹了各位优秀教师的风采，让我在学习中不断地成长，不断地成为新的自己，这些都是我教师生涯中一笔笔宝贵的财富。因此，我非常感谢和珍惜园长以及各位领导给我的这些学习机会，我会努力地学习、探索，开阔视野，并将我学到的知识运用在日常教学活动中。正是这些宝贵的学习经历，使我在2019年的教师技能大赛中取得了良好的成绩，并获得了县政府教学成果奖。

2020年5月，我担任了小四班的班主任。在这一年里，我和小宝贝们一起慢慢地成长。森森小朋友入学的时候年龄小，吃喝拉撒都无法流畅表达，吃饭时汤汤水水撒一身，玩耍时忘了时间，原地就尿了裤子，而我作为班主任，每天为他换了一身又一身的衣裤。孩子们刚入学时往往存在分离焦虑，午睡时，有好几个小朋友都在哭着找妈妈，而我就一个一个地拍着他们、抱着他们入睡，就像他们的妈妈。慢慢地，孩子们的自理能力越来越强，表达能力也越来越好，午睡时自己爬上床，不一会儿就睡着了。看着孩子们一点一点地进步，我很高兴，就像看着自己的孩子在一天天地成长一样。

在孩子们成长的同时，我也在慢慢地成长着。多少有些社交恐惧的我，在当班主任的这半年里，慢慢地学会了与家长沟通，学会了和孩子们相处，家长们都说："把孩子交给窦老师，我们很放心！"孩子们说："我爱老师！"就这样，我在这日复一日的生活中实现了我的价值。

教师不是雕塑家，却塑塑着世界上最珍贵的艺术品；教师不是伟人，但教师的身上吸引着孩子期盼的目光。教师的职业是崇高的，教师的职业是无价的。如今，我已成为一名幼儿教师，我要用我的爱去呵护、去关爱、去帮助这些可爱的孩子们，为他们编织一个美丽的、如童话般的成长之路，以此来点亮我的人生。

小苗一定能长成参天大树，花儿也一定会绽放，生命的光彩是无限的。我要用我有限的生命，在幼儿教师这个平凡的岗位上，用一颗真心做出不平凡的事情。我是一名幼儿教师，我骄傲！

点滴育稚幼，智慧伴成长

城关街道中心幼儿园　许燕

岁月匆匆，在从事幼儿教育工作的七年中，我的追求、梦想、欢乐与辛酸都化作春霖秋霜，融入城幼这片乐土中。幼儿园是一块乐土，我愿做一滴滴露水，让幼儿在爱的滴灌中茁壮成长！

苏霍姆林斯基曾说："教育技巧的全部奥秘就在于如何爱孩子。"教育是需要爱的事业。幼儿园教师要爱孩子、眼中要有孩子，我一直秉承着蹲下来讲话、抱起来交流、牵着手教育的教育理念，给予孩子们母亲般的爱和抚慰。作为幼儿教师还要有细心和耐心。译桐是我们班一个性格外向且多动的孩子，家庭情况比较特殊，自理能力很差，大多事情都是由爷爷奶奶一手包办，教育方式属于放任型。在学校他对老师视而不见，我几乎每天都可以收到小朋友的"告状信"，如他会突然出现，把小朋友刚搭建好的作品推倒，积木洒落一地……我细心观察他后琢磨，"调皮孩子"可能更期望得到老师的关爱和鼓励，他想通过自己的某种行为引起老师的关注，进而获得老师的爱，因此，我把"送积木宝宝回家"的任务交给了他。这样的"委以重任"使他有了自豪感，他的责任感也慢慢增强了。这件事情也给了我一些启示：对于"调皮孩子"，教师要有宽容的态度，以宽广的胸襟容纳他，以欣赏的眼光看待他，让他有机会纠正错误，在"自我教育"的过程中逐步完善自己。

还记得去年我们班转来了一个性格十分内向且沉默寡言的女孩，入园后，她眼泪总在眼圈里打转，哭着找妈妈，对周围环境充满了焦虑感。我及时通过家园互动，了解到她家的生活情况，她父母带着年幼的弟弟，忙不过来，只能把她送到姥姥家，所以她到了新的环境中就会缺乏安全感。在教育孩子的问题上我与家长达成一致，父母也表示要多花时间陪伴她成长。在学校，我尝试慢慢打开她的心扉，时常蹲下身子抚摸着她的后背，耐心地安慰她，手把手地教她拿勺子，耐心陪她去小便，并告诉她小便的方法，在学习中多鼓励她表达自己的想法，并在全班小朋友面前表扬她勇敢地回答问题。有了父母的陪伴和老师的精心照料，经过一段时间，她性格变得开朗了，生活自理能力有了明显的提高。高尔基说过："谁爱孩子，孩子就爱他。只有爱孩子的人，他才能教育孩子。"看到这一切，我感到很欣慰、很高兴，我用爱心和耐心铸成一把钥匙，打开了孩子们心灵的窗户。

幼儿园的工作烦琐、复杂且平凡。每天"一餐两点"都由老师亲手分发到每个小朋友的手里。午睡时，要细心地守护在幼儿身边，及时给幼儿盖好被子，纠正不良睡姿。天凉了，谁的衣服穿得少，找来衣服给他加上；天热了，谁的衣服穿得太多，给他减去……在班级教育中我尊重幼儿的个体差异，全面细致地了解每名幼儿的身心发展状况，给胆小的、注意力易分散的孩子多一些鼓励，给体弱的孩子多一些照料，给适应能力强的孩子多一些挑战……对于个别行为较差的幼儿，我利用榜样示范的效应影响他们，帮助他们养成良好的习惯。

著名教育家陶行知先生曾经说："捧着一颗心来，不带走半根草去。"在教育的沃土中，我用爱心去换真诚，用平凡朴实的行动换取孩子的点滴进步。我愿做一名有温度的幼儿教师，为孩子们打开一扇窗，助他们插上梦的翅膀！

时光不语，静待花开

城关街道中心幼儿园 程雪梅

今年是我来城关街道中心幼儿园的第六个年头，六年的时间我从一个新手型教师逐渐转化成了一个老教师。在这里有奉献、有收获、有开心、有不足，但更多的是感动。有时候，我不禁思考：教育的真谛是什么？是良心、是使命、是自己师范专业的教育情怀，兼而有之。但无论如何，在这样的一片沃土上能发挥我的光和热，我很满足。

清晨，披一身晨曦，我用笑脸把孩子们迎进幼儿园大门，从那一双双小小的手中，我感受着家长们的体温和难以割舍的目光，我读懂了我肩上的责任。

傍晚，牵一缕晚霞，我将牵挂送出幼儿园大门，交到家长的手中，让孩子的欢乐，在家长的喜悦里延伸。在这日复一日、年复一年的迎来送往中，倾注着真挚的情感。在这个岗位上，是幼儿教师的使命，让我用行动诠释着无私奉献；在这个岗位上，每天我用心呵护着幼小的心灵，用爱哺育着稚苗成长，用汗水、用心血浇灌着他们。

我是幼儿教师，我骄傲，我有机会为孩子们修剪指甲、梳理头发，午睡的时间里，我还可以想象他们或喜或悲的梦境。陪伴的日子里有开心也有伤悲。记得刚来幼儿园时，我没有一点儿幼教经验，如今，我带的第一届大班的孩子已经读小学五年级了。幼师，听起来很简单，做起来大有学问。到今天无论是小班、中班还是大班，我都带过两年了，我想这3个两年磨练了我的意志，造就了我的人格，让我从一个新手型教师逐渐转化成一个老教师。

9月是收获的季节，我没能继续带着带了两年的孩子到大班毕业，而是怀着最殷切的期待如期赴约了这一届的小班幼儿，我想无论是不放开那边的手还是伸开这边的手，我都将用行动诠释我已经是专业的幼教人了。今年因为疫情，不仅仅是我的班，所有的老师包括门口值班的老师都经历了前所未有的挑战。以前有两周的时间家长可以进幼儿园接送孩子，这看似短暂的时间既可以让家长了解老师，也可以让老师了解家长。但是这一届小班，我们得更努力一点，努力稳定每一个具有分离焦虑的孩子。放学的时候我们需要更用心一点，努力记住接孩子的家长。开学以来我们每个班的每一位老师努力安抚每一个幼儿的情绪，老师们尽量每天早上七点之前入园，没有午休，直到最后离园。

今天的小班幼儿已经能顺利按照一日活动流程进行活动了。我想我们应该感谢在背后默默支持我们的家人，我们之所以感到骄傲是因为他们给了我们骄傲的底气。我骄傲，是因为我尊敬的家长朋友给了我信任。今天的宝贝能自己吃饭，轻轻地放碗、勺；能和老师灵活地互动，上台分享儿歌，自己动手绘画。我真心地为孩子们的勇敢、坚强感到骄傲。

为了更全面地了解每一名幼儿，我们进行了入户家访活动。恩泽小朋友以前每天来幼儿园总是哭，我总以为是他对幼儿园的环境不适应，通过家访才知道宝贝的妈妈又生了妹妹，孩子对每天晚上妈妈不能搂着自己睡觉感到极不公平，委屈的泪水天天不断，在他的心中妹妹抢了自己的位置，他对妹妹有很大不满。但是孩子说不出心里的话。知道原因后我们对症下药，对恩泽多了一些关心，并和他的妈妈沟通，让其多给孩子一些关注。通过家园合力，恩泽小朋友放下了包袱，每天都高高兴兴地来幼儿园。今天孩子的小小成就是我们家园付出的最好映射。

也许工作有时是谋生，但是用心灵沟通的工作，不仅仅是谋生还是在启迪智慧。能在最最平凡的岗位上，收获感恩、收获幸福、收获成长，作为幼教人，我很幸福！

因为爱，所以爱

城关街道中心幼儿园　王蕊

从我还是个孩子的时候，我就喜欢小孩子，所以做幼教是很自然的事。我没有什么大的梦想，我希望我能独立，经济独立、生活独立。所有的一切都不用爸妈操心，他们想花费的时候不用想我还需要生活费，在严寒酷暑时也不用担心我照顾不好自己。我想说没问题，都挺好，我能行！

我没有什么大的梦想，我希望我教的孩子们都喜欢我，到他们毕业的时候我能负责任地说，我教过的每一个字、每一句话都是正确的。我喜欢和他们聊天，听听孩子们纯真的想法，看看他们斑斓的世界。我喜欢给他们讲故事，给他们解释故事中他们不理解的词汇。我想让他们知道得更多。我希望他们个个优秀，希望他们健康、平安地长大。

在孩子的眼睛里，常常会写满对老师的崇拜，他们对老师既尊敬又信赖，老师说什么，他们就信什么。做个让每个孩子都喜欢的老师是每个幼儿教师的梦想，有时候也觉得光有足够的爱心是不够的，还需要有更多的耐心。

还记得今年小班开学的第一天，接收小班宝贝的方式与以往不同。因为疫情，今年新入园的宝贝都是由在外值班的老师领进教室，刚进教室就是哭声一片，各种各样的哭都有，当我们几位老师把孩子从值班老师手中领过来时，孩子们紧皱眉头，拳打脚踢，哭声如雷，惊天动地，见了老师仿佛是见了大灰狼。有的孩子，离开父母以后，独自选一个小角落，悄悄抹眼泪，哭声细细的，让人看了更心酸。有的小朋友一踏进教室，就不停地哭，不停地问："老师，我妈妈什么时候来接我？""老师，我妈妈还要我吗？""老师，你给我爸爸打一个电话，让他第一个来接我。"看着他们那无助而又恐惧的模样，很是心疼。作为老师，我们知道这样子对于孩子的成长是不利的，这些"小皇帝""小公主"难以接受幼儿园的新生活，哭闹是再正常不过的事。为了让家长们放心，老师挤出时间给每一位宝贝拍好照发到家长群里，我们也会用实际行动来证明，把孩子交给我们是可以放心的。很多家长还是愿意理解、相信我们的。这样的现象大概持续了一周的时间，一周过后孩子们也都稳定了。经过那一周，我明白了，作为一名合格的幼儿教师，要采取不同的方法，耐心对待幼儿的哭泣，这样才能使幼儿轻松愉快地投入幼儿园的生活中去。我们老师应该积极引导幼儿、关心幼儿，成为幼儿的依恋对象，并组织有趣的活动，吸引幼儿的注意力，使幼儿忘却孤独和焦虑，投入新的环境中去，变消极情绪为积极情绪，渐渐地消除不安全感。比如，告诉他们说妈妈下班后5点就来接你，如果你现在不哭，乖乖吃完早饭，妈妈就可以早一点儿来看你。这样的话语都可以缓解幼儿的情绪，等吃完饭后，他们也都投入游戏中，也都忘记找妈妈的事情了。不过，也不是所有孩子都是这样的，有些孩子还是会一直哭闹，这时我们会陪着他们，一直拉着他们的小手，带他们去玩，努力地建立起与其他孩子之间的友谊之桥，让他们对自己更加亲近、更加信赖。

曾经以为孩子们不懂得爱，觉得他们只是一个个调皮的小精灵，只知道索取我们的关怀。可是，慢慢地，孩子们的一言一行改变了我的想法，让我懂得了他们那单纯质朴却又充满爱意的言行举止其实早早地就弥散着醉人的香，渐渐地让我感动，让我痴迷。

这是一件发生在午睡前的事情，午睡前散步时，我是拉着小朋友们倒着走路的，根本看不见后面的情况。边走边和孩子们聊天，拐弯时脚没站稳，结果差点撞在墙上。就在这时，就听尧尧小朋友说了一句："王老师，你慢点呀，下次走路的时候小心点，别跌倒了！那样会很疼的。"看着孩子半是责备，半是担心的样子，我心里头温暖极了。这些幼儿在班级待了虽然才一个多月，有时还会不肯来上学，有时还会哭哭闹闹，但他们已经与我们建立了很深厚的感情。在孩子们小小的心灵中，他们关心老师，就像老师关爱他们一样。孩子说的这句话，不就跟我们平时教育、嘱咐孩子差不多吗？

所以我们作为教师，在幼儿面前要注意说话的语气和言行举止。有时不经意的一句话、一个动作，都会成为幼儿模仿的对象，并在他们的行为中反射出来。所以孩子就是我们的一面镜子，你在镜子里怎样表现，孩子就用自己的行为来回报我们。

从那之后，总能听见好多的小朋友总是在提醒我，"王老师，你小心点，要看路"。就好像我是没长大的孩子，他们却是小大人一样。每当此时，我的心里就会涌起片片涟漪，层层的幸福紧紧把我包围，没有做妈妈的我似乎体验到了当妈妈的幸福。孩子们，其实你们真的懂得表达爱，你们真的很爱老师，老师也很爱你们，真的很爱你们。孩子们，谢谢你们给老师的爱，谢谢你们给老师的关怀，谢谢你们给老师的快乐！

第三节　语言区观察记录

语言区——故事拼图

观察时间：2019年11月26日

观察地点：中一班语言区

观察对象：轩轩

观察教师：刘洋

观察目的：选择自己喜欢的语言区活动，坚持到底

观察内容：

在推介活动时，老师重点推介了语言区，介绍了区域规则后，区域活动开始了。

轩轩进入了我的视线，只见他犹犹豫豫，不知道该去哪个区域玩。于是我走过去，对他说，你可以去语言区看看，老师今天投放了一些新的材料，说不定你会喜欢哦。我刚说完，他就去了语言区，随手从书架上拿了一本《胆小鬼威利》（见图8-3-1），这本书我们之前已经讲过几次了，因此他很流利地就讲了出来，但是他好像没有什么兴趣，于是又拿了一本我们没有讲过的书，他不知道里面的故事情节，草草翻了几页之后就把书放回了原处。

图8-3-1 轩轩在看书

　　这时，区域活动时间已经过了三分之一。看着轩轩还没有进入状态，我很着急，于是我请乐乐小朋友过去邀请轩轩去苹果树那儿摘苹果（见图8-3-2），刚开始，两个人有说有笑的，但不一会儿，轩轩又坐不住了，我知道他不太喜欢讲故事，而是比较喜欢探索，喜欢自己研究。

图8-3-2 乐乐和轩轩摘苹果

　　于是我走过去跟他说，老师这里还有一些故事拼图，你也可以试试。他坐了下来，开始拼图（见图8-3-3），尽管这个故事拼图比较难，很考验小朋友的观察力和想象力，但是能看出来他很喜欢，一个人很有耐心。刚开始比较慢，慢慢地，他找到了技巧，一张张拼出来了，他自己在讲图片上的故事，我走过去当他的听众。看到我过去，他似乎更开心了，又继续往下拼，一会儿就把故事全部拼好了，也完成了讲述。这时区域活动时间也到了，收拾好之后，我及时地对本次活动进行分析评价，并且表扬了轩轩。

今天下午又进行区域活动，我看轩轩没有像上午那么犹豫，而是直接选择了故事拼图，这次他和涵涵一起，合作拼图，依次讲述上面的故事……

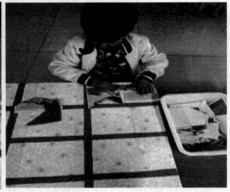

图8-3-3　轩轩在拼图

行为解读：

轩轩是一个比较内向的孩子，他很聪明，但同时又有自己的想法，对喜欢的事情很投入，对不喜欢干的事情就没有耐心。在我请乐乐小朋友过去引导轩轩玩耍时，效果也并不理想，在这个时候老师及时介入，轩轩在老师的带动下慢慢静下心来，幼儿的角色意识增强了，能够自由安排角色进行游戏活动。老师及时参与到幼儿的游戏活动中，在相互交流的过程中，轩轩的语言表达能力及逻辑思维水平都有了相应的提高。

我的反思：

①对于大班幼儿而言，单纯地看图讲述学过的故事已经没有了吸引力，带有挑战的游戏材料才更能吸引孩子们的注意力。

②小朋友从一开始被迫选择到后来投入其中有很大的变化，这启示我们在投放材料时要注意幼儿的兴趣，材料要符合幼儿的年龄特征，使之能满足幼儿的需求。

③要对幼儿进行个别指导并适当介入，当幼儿在区域活动进行不下去的时候，老师们就应该适当介入，从幼儿兴趣入手，帮助幼儿顺利地进行区域活动，从而实现区域活动的教育价值。

语言区——讲故事

观察时间：2019年12月3日

观察地点：大一班语言区

观察对象：家润、静雯、若菲

观察教师：马圆圆

观察目的：能愉快地阅读绘本故事，感受阅读的乐趣，并能讲述故事内容

观察内容：

今天的区域活动开始了，几名幼儿来到了语言区。几个孩子拿出书来翻看着（见图8-3-4），看得非常认真，有时候孩子们还会用自己的话来讲一讲这个故事，可是看书的热度只持续了三分钟左右。

图8-3-4 几个孩子在看书

孩子们在语言区里待了几分钟以后，身为男孩子的家润似乎玩够了，他发现了放在语言区中的手偶，于是他开心地拿起小猪的手偶，开始和自己的手偶"对话"。家润一会儿讲自己在家里遇到的比较开心的事情，一会儿又给小猪背儿歌，一个人玩得很开心（见图8-3-5）。

这时，旁边的静雯和若菲看到了家润的手偶，也对手偶

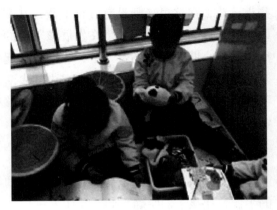

图8-3-5 家润和手偶玩耍

感兴趣起来，一人拿了一个手偶开始对话。静雯："我是斑马，你好呀！"若菲："我是大灰狼，你好，我们一起玩游戏吧！"两个小朋友模仿着小动物的语气和动作，开始了表演，过了一会儿，家润也加入进来，三个小朋友用手偶表演了一个又一个的小动物（见图8-3-6）。

图8-3-6　三个小朋友用手偶表演

行为解读：

在我们的语言区，基本以阅读和讲述活动为主。今天在语言区的三个小朋友一来到语言区就开始看书，在语言区看书这已经成为孩子们的习惯，大班幼儿已经能够进行专注认真的阅读活动，但是从这次的区域活动可以看出，孩子们持续阅读的时间不是很长，阅读一段时间以后，孩子们开始自发地进行一些小游戏，在这里老师没有进行干预，其实孩子们自发进行的这些小游戏也是以谈话讲述为主的，同样也在发展孩子们的语言表达能力。在家润发现手偶以后，其他小朋友在他的带领下，也开始拿起手偶对话，这也体现了同伴之间的互相学习，这样就激起了孩子们对讲述表演的乐趣。从家润与手偶之间的对话可以听出，家润的语言表达能力很强，能够有条理地表达出自己在家里或者在学校里的一些有趣的事情。

我的反思：

①老师在投放手偶以后只进行了简单的推介，教师还可以重点介绍新投放的手偶，让孩子们明确手偶的操作方法。

②教师应该反思孩子们阅读持续得短的原因，要考虑新投放的图书是否能引起孩子们的兴趣。

③教师应该重点引导幼儿向同伴学习并与之沟通。

语言区——故事拼图

观察时间：2020年11月13日

观察地点：中三班语言区

观察对象：惠惠、宸宸

观察教师：马丽莹

观察目的：了解幼儿对故事拼图的兴趣及对故事的掌握情况

观察内容：

区域活动开始了，今天我重点推介了语言区的故事拼图，拼图内容是集体教学活动《问路》，我将做好标记的六份拼图投放到了区域游戏里面。区域活动开始后，惠惠先来玩拼图游戏（见图8-3-7），看得出来她对新的拼图很感兴趣，她在六份拼图中选择出了自己喜欢的图案。

图8-3-7 惠惠玩拼图游戏

刚开始玩，惠惠就把有关联的图片全部找出来摆放在底板一旁，然后开始慢慢地拼摆起来，很快，惠惠将大块拼图拼摆完了，这时剩下的小块拼图使惠惠皱起眉头来，左试试、右比比都不对，急得惠惠请求宸宸的帮助。

就在这时宸宸也来到了拼图区。看见惠惠手中拿到的拼图，宸宸兴奋地说："这个我最会摆了，这块应该放在这，你看这不是吗！"宸宸边说边把一块拼图放在了合适的地方。很快，在宸宸的帮助下惠惠将一幅拼图完整地拼摆完成了（见图8-3-8）。惠惠说："你怎么这么厉害，我们一起来拼吧。"宸宸："好啊，我们一起来拼。"于是惠惠与宸宸选择了重新开始，两人很迅速地从很多小拼图中找出了边缘上的拼图拼摆起来。拼完后，宸宸拿起了其他拼图，想了半天也没有找到合适的地方放。这时惠惠提示宸宸翻看卡片后面的标记，不一会儿两人就快速地将拼图拼摆完成了（见图8-3-9）。但我让他们讲述故事内容的时候，他俩面面相觑，讲不出来。

图8-3-8　宸宸帮惠惠将一幅拼图拼摆完成

图8-3-9　宸宸和惠惠玩拼图游戏

行为解读：

惠惠小朋友在各种活动中表现比较突出，她的接受能力比较强，爱动脑子，敢于挑战自己。惠惠在游戏中遇到困难时并没有放弃，而是主动去寻求宸宸的帮助，说明幼儿有一定的合作、共同完成游戏的意识，并且惠惠和宸宸懂得与同伴友好相处，体现了幼儿良好的品质。在游戏过程中，他们两个能够看出拼图之间的不同，能够根据图画找出相对应的规则，知道拼图中提示的意思，有很好的观察能力。最后，俩人完成了拼图却没能完整地讲出故事，说明幼儿对《问路》这个故事掌握得不熟练，在过渡环节可引导幼儿继续讲述，提高语言表达能力。

我的反思：

①在一开始的时候，我在冰盒里放了《问路》的24张拼图，小朋友选择困难，所以在这上面失去了耐心。到了第二次，我把所有的图片在后面做了相应的标记，幼儿在完成不了的时候可以选择看看后面的提示，幼儿兴趣明显提高了不少。

②根据《3～6岁儿童学习与发展指南》中关于语言领域目标教育的建议，教师可以和幼儿一起讨论或回忆书中的故事情节，引导幼儿有条理地说出故事内容，我班幼儿在讲述方面仍需加强锻炼。

语言区——故事棋

观察时间：2020年12月18日

观察地点：小一班语言区

观察对象：岂至、一宁、郭浩、翌辰等

观察教师：马丽梅

观察目的：观察幼儿玩"故事棋"的兴趣及幼儿的语言表达能力

观察内容：

　　每天的区域活动时间又到了，我着重对语言区进行了推介，介绍了我们新投放的故事拼图及故事棋的材料（见图8-3-10），以引起幼儿的兴趣。强调注意事项后，孩子们开始自由选择自己喜欢的区域。首先岂至、郭浩、翌辰、一宁小朋友进入语言区，开始玩起来（见图8-3-11）。

图8-3-10　对语言区进行推介

（a）　　　　　　　　　　　　　　（b）

图8-3-11　小朋友在语言区游玩

行为解读：

在语言区，孩子们选择了自己喜欢的书后总是快速地翻看，从头看到尾也不知道看到的是什么，也讲不出来。所以我们就在语言区看书的地方放上了小桌子，然后投放故事拼图和故事棋，并在故事棋上创设情境，这引起了孩子的注意，能够积极参与进来。

岂至、郭浩、一宁、翌辰小朋友来到语言区，来到小桌子前坐好，认真玩起来。开始，他们争着抢棋子，棋子只有两颗，所以只能两个人玩，一宁小朋友只好去了别的区域，翌辰则坐着没动，看着他们两个玩。岂至和郭浩用猜拳的方式决定谁掷骰子，结果岂至掷了一个4，郭浩掷了一个2，然后，郭浩过去直接拿起棋子就走到了2，遇到了小狗（见图8-3-12），过这一关需读一个《老师早》的儿歌，这时郭浩好像不是很会读，走过来拽着我说："老师，老师，这个儿歌我不会读。"我走过去告诉他说："可以想办法。"这时岂至说："老师，我会，我帮他吧。"说着，他们两个一起读起来。接下来轮到岂至走棋了。岂至顺利地走到了4，他认真地讲起了这个位置上所呈现的故事图片内容。

图8-3-12　小朋友过关

行为解读：

两个孩子在玩的过程中，轮流掷骰子，轮流走，孩子们对规则不是很明白，但是在投掷、数数后都知道自己掷的是几个点。根据小班的年龄特点，孩子能够手口一致地点数，但是让他们比较大小，还是难度较大，不会比较。所以导致他们掷了骰子就走棋。

岂至小朋友顺利到达了终点，得到了小粘贴一张。岂至拿到小粘贴高兴地说："耶，我赢了。"这时郭浩着急了。郭浩走到了5又遇到了困难，对岂至说："你能和我一起讲吗？""可以呀！"说着又一起玩起来，最后郭浩也得到了小奖励。翌辰小朋友一直在旁边观看，偶尔拿着小骰子玩一玩，再插上几句话，也乐在其中。

行为解读：

孩子在活动中，虽然没按什么规则，但也玩得很开心，在遇到困难时，能够想办法解决，孩子们能够互相帮助，共同学习。在玩的过程中锻炼了孩子们的语言表达能力，还发展了孩子们的社会交往能力。

我看到孩子们在玩的时候，掷骰子已没有意义，我介入，让他们改为石头、剪刀、布的方式决定谁先走。玩了15分钟左右，同心小朋友过来了说："我可以和你们一起玩吗？"他们两个一起说："可以呀！"孩子们就一起继续玩了起来（见图8-3-13）。

（a）　　　　　　　　　　　　　　　（b）

图8-3-13　几个小朋友一起玩

行为解读：

这几个小朋友性格比较外向，比较善于表达，对幼儿儿歌、故事感兴趣。在讲述故事时能够相互合作，一起讲述故事内容。尤其是岂至小朋友平时喜欢读书，善于观察，所以读起儿歌、讲起故事来比较流利。

我的反思：

虽然孩子对阅读很感兴趣，但是我们老师在投放材料方面做得不够，应根据小班幼儿年龄特点，继续丰富语言区的材料，增加图书的数量及种类。如设计简单的游戏规则，提供一些简单易读、幼儿较为熟悉的儿歌或故事图片，这样，孩子会更感兴趣，更愿意去阅读。老师可以在语言区给幼儿投放简单儿歌及短小故事，充分利用各种资源（故事盒、摘苹果、小摸箱、故事拼图等）创设情境，让幼儿在情境中阅读。

语言区——看故事

观察时间：2021年3月19日

观察地点：大四班语言区

观察对象：睿睿、萱萱

观察教师：许燕

观察目的：安静阅读图书，并能够仔细倾听他人讲述故事内容

观察内容：

区域活动时间到了，幼儿按顺序自由选择自己喜欢的区域进行游戏，大家选择好喜欢的区域之后就玩了起来。今天我发现睿睿小朋友来到了语言区。睿睿小朋友是我们班口语表达能力较好的孩子，他能运用合适的词句表达自己的意思，但对图书阅读不感兴趣，基本不选择看书、阅读等活动。今天，他从书架上随意地拿起了一本《我好难过》的书（见图8-3-14）。他翻到第一页看了看，又翻到第二页，翻到最后自言自语地说："看完了。"接着又翻了前后几页后把书合上，放到书架中，又拿了另一本书同样随意翻了一下。

图8-3-14　睿睿小朋友读书

看到其他小朋友都在很认真地看书，睿睿小朋友又主动去书架上拿了一本书——《生气的亚瑟》。他从第一页开始认认真真地看了起来，看了四五页之

后，停了下来，紧紧地皱着眉头，好像在思索着什么。然后，他拿着书去找萱萱说："这本书你看过吗？能给我讲一讲这个故事吗？"萱萱把自己的书收了起来，坐到睿睿小朋友的旁边给他一页一页地讲解起来（见图8-3-15），萱萱指着书中的画面认真地对着睿睿小朋友说："太晚了，妈妈让他去睡觉，亚瑟就生气了，亚瑟的气转为台风，把整个城市扫进大海里……"

（a）　　　　　　　　　　　　（b）

图8-3-15 萱萱给睿睿讲解

他们两个讲得津津有味，整个区域活动时间他俩都在看这本书。还不时地有幼儿加入他们的队伍，一起来听萱萱讲这个故事。这是睿睿小朋友唯一一次看这么久的图书。

行为解读：

萱萱能根据画面说出图中有什么，发生了什么，睿睿也能理解图书上的文字。睿睿在萱萱讲故事的时候，能注意倾听并做出回应，还能和萱萱一起学着讲故事，这不仅提升了幼儿的语言表达能力还体现了同伴之间相互合作的意识。在活动时睿睿很主动地找到萱萱，让萱萱帮他讲故事，说明睿睿愿意和小朋友一起阅读，体现了幼儿社会交往能力的发展。睿睿在看完一本书后，能将图书放回原处，体现了幼儿具有较好的阅读习惯。

我的反思：

①为幼儿创设良好的阅读环境和宽松的氛围是我们教师的责任。萨特说"阅读就是自由的梦"，阅读是一种自由的、充满智慧的精神生活。我们应当让孩子在自由而愉快的阅读中享受高尚的精神生活。

②幼儿的年龄特点，决定了幼儿的兴趣爱好。在日常活动中，我还需要

多注意观察幼儿看书的内容，收集幼儿喜欢看的图书，请幼儿讲一讲书中的内容，并请同伴进行补充，在此基础上，请幼儿思考"为什么有的小朋友能讲出完整的故事，而有的幼儿讲不出故事"，幼儿说出自己的看法后，告诉幼儿看书要把书看完整，前面和后面是连在一起的，少了哪一页都不能讲出好听的故事来。

③阅读与家园联动。将亲子阅读这种好的方法坚持下来，鼓励更多的幼儿为全班小朋友讲述自己晚上在家给爸爸妈妈讲述的故事，培养幼儿对阅读的兴趣。还可以让幼儿把家中自己喜欢的绘本图书带到幼儿园，为全班小朋友讲述。

语言区——摘苹果

观察时间：2021年4日2日
观察地点：大二班语言区
观察对象：圆圆、乐乐、子轩
观察教师：王宁
观察目的：能否自主地利用语言区的玩教具进行讲述活动
观察内容：

区域活动开始了，圆圆、乐乐进入了语言区，选择了"摘苹果"这个游戏道具（图8-3-16）。他们都好奇地从树上把苹果摘下来，然后讲述了苹果上的内容。这时子轩过来说："我们用石头剪刀布的方法来玩，谁赢了，谁就从树上摘一个苹果，然后讲出苹果上面的内容，最后看看谁摘的苹果最多，谁最多谁就赢了。"乐乐和圆圆同意了。游戏开始时，子轩赢了第一局，先摘了一个苹果，而后把画面的内容讲述得特别完整（见图8-3-17）。

图8-3-16　圆圆、乐乐"摘苹果"

图8-3-17　子轩讲述苹果上的内容

　　就这样一轮下来三个人都摘了一个苹果。到第四次时乐乐赢了，摘下来一个苹果后，乐乐脸上有了愁容，并说："这是谁画的呀，不知道他画的是什么，让我怎样讲啊？"子轩探过头去说："我看看，上面画着一个小姑娘和一个小男孩，我也不知道这是画了什么。"然后他用求助的眼神看着我。我说："你们可以猜一猜，画中男孩女孩会发生什么有趣的事啊。"听到我的话后，两个孩子开始猜测画面的内容并大胆讲述。

　　后面的游戏中，总是乐乐在石头剪刀布的游戏中获胜，乐乐和圆圆觉得没意思，就走开了。但是玺霖加入进来了，子轩和玺霖继续用石头剪刀布的方法决定谁摘苹果并讲述。不一会儿孟坤又加入进来。子轩说："我们又要重新开始了。"就这样，游戏反复地进行着（见图8-3-18），到区域活动结束了，也没有分出谁胜谁负，但是孩子们玩得特别开心。

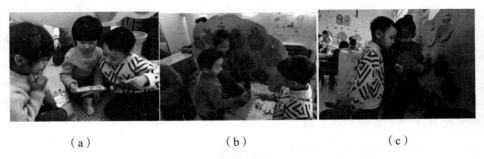

（a）　　　　　　　　　（b）　　　　　　　　　（c）

图8-3-18　孩子们在玩摘苹果游戏

行为解读：

　　整个活动过程中孩子们都开心自主地活动，特别是子轩小朋友自始至终一直都没有离开过。子轩建议用石头剪刀布的方法进行游戏，说明他有很强的自主意识。在乐乐不会讲述画面内容时，他能及时地给予帮助，说明他关心、尊重他人。随着新的伙伴加入，他总是笑着欢迎并提出游戏重新开始，说明他理解规则的意义，并有很强的规则意识。

我的反思：

　　①教师是孩子们的引导者、支持者和合作者。在观察孩子们的活动时，要睁大眼、管住嘴并及时给予指导。在孩子们不知道图片上画的内容是什么时，我没有急着介入，而是先观察孩子们是否能自己解决，孩子们解决不了并需要我的帮助时我再进行介入指导。可能当时有点着急，如果当时对孩子们说："你们大胆猜想画面的内容，区域活动结束后的分享环节，让画这幅画的小朋友给大家讲一讲，看看你们猜得是否正确。"这样，可能孩子们的积极性会更高。

②虽然孩子们到活动结束时都没分出胜负，但是孩子们在玩的过程中都积极地参与、大胆地讲述，我们的目的达到了。所以说我们的重点不在于谁输谁赢，"摘苹果"只是在语言区中让孩子们玩起来的一个载体，我们重视的是活动的过程和活动中孩子的发展。

第四节　教学论文

故事教学的设计与实施策略

王凤萍　来永峰　王静静

故事教学怎么做？这所幼儿园从目标体系到课程体系，再到实施策略、评价策略，提供了一条系统而又细致的路径。

故事使用吸引而非强迫的形式教育人，是幼儿认识世界的重要方式。山东省潍坊市临朐县城关街道中心幼儿园结合幼儿的身心发展规律和特点，对故事教育课程进行了持续开发和研究。

一、架构目标体系，建立序列化故事库

城关街道中心幼儿园的故事教学遵循"阅读润心，书香怡情"的理念，把培养全面发展的幼儿作为课程目标，以《3~6岁儿童学习与发展指南》中的目标要求为基本参照，初步架构起包括情绪管理、生活习惯、生活能力、人际交往、社会适应、数学认知、科学启蒙、个性品质等八个主题的目标体系，并把每个主题目标所包含的幼儿必备品格和关键能力进行了细化。

例如，在生活习惯养成上，主要培养幼儿合理饮食、按时睡觉、正确刷牙、讲究卫生、爱护眼睛等方面的习惯；在生活能力培养上，主要培养幼儿基本的生活自理能力，防火、防电、防震、提防陌生人等基本的安全与自我保护能力；在人际交往上，主要培养幼儿自尊自信自主、愿意与人交往、能与同伴友好相处、关心尊重他人等品格和能力；在社会适应上，主要培养幼儿适应群体生活、遵守基本的行为规范、具有初步的归属感等能力和品格；在科学启蒙上，主要培养幼儿对人、对动植物等的认知、探究兴趣；在数学认知上，主要培养幼儿对数、量、形、空间等的认知理解能力，感受生活中数学的有用和有趣；在情绪管理上，主要培养幼儿正确认识和调控自己生气、难过、伤心、害怕等情绪的能力；在个性品质上，主要培养幼儿幽默、机智、勇敢、认真等的

能力和品格。我们依据各个年龄段幼儿关键经验的不同，分别对三年段进行了目标界定。

对应这个目标体系，我们构建了八个主题的序列课程体系，广泛搜集相关故事并将其填充到故事教育资源库，目前八个主题已收录共计780余则故事。在每一类主题故事中，我们根据《3~6岁儿童学习与发展指南》中对不同年龄段幼儿的目标要求以及该年龄段幼儿普遍存在的问题，选择两篇具有典型代表意义的优质故事(共计16篇)作为主体故事编入课程。如围绕生活习惯主题，小班重在"培养"，我们选取《小熊不刷牙》《小猪奴尼》两篇故事作为主体故事进行教学和开展延伸活动，帮助幼儿养成早晚刷牙、讲究卫生的良好习惯；中班重在"强化"，选取《没有牙齿的大老虎》《肚子里的小人》，引导幼儿不仅要坚持刷牙，还要合理饮食，培养幼儿少吃甜食、不贪食冷饮、不暴饮暴食、细嚼慢咽等进食习惯；大班则重在"巩固"，选取《肚子里有个火车站》，带领幼儿进一步了解自己的消化系统，并针对大班幼儿普遍存在的写画时姿势不正确这一问题选取《眼镜公主》，让幼儿通过主体故事了解眼镜公主近视眼的成因、近视之后发生的"趣事"、戴眼镜之后的麻烦事儿、护眼行动等，让幼儿自觉远离电子产品，并通过户外运动、合理饮食、做眼保健操等形式保护自己的眼睛。确定主体故事后，我们分"对接阅读区、主体故事教学、区域延伸活动、课程评价"四个模块编纂教材。

二、细化实施策略，引导幼儿品到"故事"之味

为了达到故事教育的目标，切实让幼儿品到"故事"之味，我们实施了以下策略。

一是三段一体化落实课程。即以课堂主体故事教学为支点，向前后伸延，形成课前、课中、课后三段，起到丰富主题经验—提高学习效果—拓展相关经验的实效。其中，课前落在"对接阅读区"模块，通过多种形式看故事、听故事广泛输入，丰富幼儿的主题经验。课中主要是"故事教学"，在梳理整合的基础上，通过"自信讲""创意画""快乐演"不断输出，提高幼儿综合能力。课后主要是"区域延伸"，将故事活动有效拓展到语言区、美工区、表演区等区域中，以点带面促进幼儿全面发展。

二是多层次解读绘本，做好教学设计。首先，反复阅读、挖掘绘本中蕴含的教育价值，从而确定教学目标；其次，根据故事的发生发展解读绘本的结构，在梳理故事结构的基础上明确每一部分适宜的教学策略。我们梳理总结出了"五位一体"故事教学法、自主阅读难点前置、设置情境、操作体验、观察猜测、角色代入、有效倾听、同伴讨论、绘画表征、表演游戏、及时小结等18

种教学策略，帮助幼儿有效理解故事内容，在与角色的互动中启迪心智，获得发展。

三是遵循两条思路设计区域活动。第一条思路是，注重幼儿阅读能力的提升，以故事内容为主线设计了阅读区看故事、听赏区听故事、讲述区讲故事、美工区画故事、表演区演故事等板块，并充分尊重幼儿的游戏精神设计了包括看故事（8种）、听故事（7种）、讲故事（12种）、画故事（7种）、演故事（7种）总计41种游戏玩法。我们在做的是，把过程做完善，把环节做细致，确保课程目标有效落地。

以看故事为例，主要通过阅读故事图书以及故事分解图片来进行。比如在小班《星星警察》区域延伸活动中，我们首先将图书投放到阅读区，供幼儿进行整本阅读，形成对图书的初步感知。然后，我们通过"小问号故事屋"巧设问题，引导幼儿进一步理解故事，为阅读困难环节提供阅读指南，帮助幼儿厘清故事发生发展的脉络。紧接着，增加阅读的挑战性，将图书分解成图片并利用趣味迷宫、娃娃电影、故事扑克、转转乐、故事拼图等游戏，实现孩子与故事的再次对话。

第二条思路是，关注幼儿学习与发展的整体性，以故事中的元素为线索设计区域活动。我们把故事中的元素细分为看得见的因素(如角色、道具、情节、场景等)和看不见的因素(即其中蕴含的教育价值，如故事的教育价值、传递的价值观念等)。比如在《我有友情要出租》的区域延伸活动中，我们用故事中看得见的元素如游戏、猩猩、咪咪、沙漏、影子等，设计了户外游戏区的"猜拳跨步""一二三木头人"、科学探究区的"沙漏计时"、美工区的"影子大解救"等游戏，用故事中看不见的因素如"朋友就在身边，要主动寻找"等，设计了美工区的自制绘本活动——续编故事《我有友情免费出租》、表演区的表演游戏"我们来做朋友吧"、语言区的"说说我的好朋友"和"我的交友计划"等。

三、在评价中促进落实，推动育人方式的改进

为了解课程目标的达成情况，我们把评价作为驱动，主要通过三条路径推动改进。

一是教师通过撰写观察记录，观察、解读幼儿的游戏行为，判断幼儿游戏水平及最近发展区，并发现当下课程存在的优势与不足，为审议、改进课程奠定基础。

二是教师在每个主题后填写"故事教育评价与分析表"，分别对幼儿在健康、语言、社会、科学、艺术五个领域的发展目标达成情况进行评价。

三是在幼儿成长档案里，通过有声故事集、自制图书、U盘等记录了幼儿或看或听或讲或画或演的故事，印证幼儿的成长。如在中班的社会适应主题故事教学后，我们运用"中班'社会适应'类故事教育评价与分析表"从健康领域的手的动作灵活协调，语言领域的理解、表达，社会领域的人际交往、遵守规范，科学领域的观察、感知形状空间关系，艺术领域的手工、绘画、表演等5个领域10个方面16个条目，对幼儿进行评价。如社会领域总的人际交往方面主要有两个评价条目：其一，幼儿会在角色游戏中使用礼貌用语，其二，角色游戏中如发生冲突，能在他人的帮助下和平解决。遵守基本的行为规范有两个条目：其一，感受规则的意义并能遵守基本规则；其二，懂得乘坐交通工具时应遵守的基本规则和自我保护的方法，知道规则的重要性。如果幼儿在角色游戏中很少与同伴发生冲突，发生冲突能在他人的帮助下和平解决，幼儿的该条目可以得到三颗星；如果在别人的帮助下不能和平解决，幼儿该条目评价只能得到两颗星；假如幼儿拒不和解、情绪久久不能平复继而退出游戏或强烈要求同伴退出，该条目评价只能得到一颗星。教师会对没得到三颗星的幼儿进行追踪跟进，通过与幼儿进一步阅读相关故事、玩体育游戏、家园共育等方式，帮助幼儿建立与同伴的友好关系。

（作者王凤萍、王静静单位系山东省潍坊市临朐县城关街道中心幼儿园，作者来永峰单位系山东省潍坊市临朐县城关街道中心校，本文发表于《人民教育》2020年第23期）

家校同步开启儿童阅读新模式

马西挺　王立福　王凤萍

阅读能够影响儿童大脑发育，促进儿童认知、情感、个性等全面发展，是儿童成为终身学习者的开端，而实现家校同步是推进儿童阅读的重要保证。

一、建立协调育人机制，让家校同步开展儿童阅读落到实处

儿童良好阅读习惯的培养不是学校或家庭任何一方能够独立承担的。家校必须形成教育共同体，明晰角色定位，并且建立相应的协调育人机制，同步推进儿童阅读。

教育共同体不是简单的"1+1"，而是学校和家庭融合统一发挥作用。双方首先要对儿童阅读形成统一认识，包含内涵认识、价值认识、方法认识等；其次要明确各自在儿童阅读推进过程中的角色定位，学校作为项目的发起者，承担儿童阅读课程研发者、实施者、指导者、推动者等角色任务，家庭作为项目的重要合作伙伴，承担着课程实施的协同者、家庭阅读环境的创设者以及儿童阅读中的指导者、榜样示范者等角色任务。家校双方基于各自在教育共同体中的角色，形成既有自身特色又能够与对方完美兼容的定位。

学校通过成立三组一会、开通一群一号等方式，建立家校协同育人机制。"三组"包括：项目领导小组，确定年度工作重点、人员安排，做好经费及后勤保障；项目研究小组，在深入分析儿童阅读发展目标的基础上研发儿童阅读课程、家庭儿童阅读指导手册；项目实施小组，具体实施儿童阅读课程，并指导家长在家庭中开展儿童阅读。"一会"是书友会，由家长组成，协助组织或发起"换书交友""图书义捐""亲子自制图书""亲子小剧场"等多种形式的亲子阅读活动，以及定期开展例会，分享交流亲子阅读心得。"一群"是通过钉钉群，定期线上直播亲子阅读指导策略，实时解决亲子阅读难题，进行阶段性成果展示。"一号"是在公众号开辟工作室教研、本期推荐、阅读有方、经验浅谈、童语·童画·童趣五个栏目，及时保存研究成果、推荐主题阅读书目、推送亲子阅读指导策略、分享亲子阅读经验、共享创意阅读成果。

推进儿童阅读，不能停留在表面的鼓励、提倡或期望上，要确保学生拥有一定的时间进行阅读。要把握好亲子阅读的三个时机。一是下班后，家长下班后可以给孩子带回一本新书作为礼物，把新书郑重地介绍给孩子，并全情投入地和孩子一起阅读，这是一种见效快、效果好的方法，尤其适合阅读习惯初养成的低幼儿童。二是家长与孩子共同约定一个固定的时间段作为每日专门的阅读时间，让阅读像呼吸、吃饭一样自然。三是节假日，周末和小长假可以带孩子走进附近的书店、图书馆阅读，寒暑长假可以带孩子到省图、国图走一走，感受图书的丰富。总而言之，家长应该创造条件让孩子接触更多的图书，给孩子更多阅读的可能性。

二、学校和家庭应该共同为儿童阅读创设浓郁的书香阅读环境

环境是潜在的老师。阅读环境的创设是开展儿童阅读的重要一环，学校和家庭应该共同为儿童阅读创设浓郁的书香阅读环境。

在书香校园环境创设中，一要充分利用大厅、走廊、楼梯等墙面环境，设立绘本展、主题图书推荐、阅读心得专栏等，并注重更加开放、互动、可变化的书香"大环境"建设。二要充分利用校园空间，建设图书阅读、戏剧表演、绘本创作等阅读活动相关功能室。校图书馆在书香校园建设中具有举足轻重的地位，学校应该加大对图书馆的投入，不断充实和丰富图书馆藏书，让图书馆成为儿童阅读课程资源库的依托和载体。三要在班级创设图书区，根据主题阅读教学开展的进度，及时更换和补充图书。班级是学生在学校停留时间最长的场所，也是阅读开展的主要场所。学校在根据主题投放图书的同时，还可鼓励

学生将家中图书带来，以丰富阅读区图书，并引发学生对图书的交流和探讨。

创设书香家庭环境，要从精神环境和物质环境两个维度进行把握。精神环境方面，首先，家长要养成坚持读书的习惯，没有阅读习惯的家长可从每天阅读十分钟开始，逐渐增加阅读时长；其次，家长要创设宽松、愉悦、自由的家庭氛围，能够及时抛出引发孩子讨论的话题，能够支持孩子自由表达自己的想法并与孩子进行有效互动，甚至可以与孩子共同制作图书等。物质环境方面，首先，家长应该为孩子提供一个相对固定的阅读场所，并根据儿童的年龄特点配备地垫、抱枕、桌椅等相应设备，让孩子能够有一个专心阅读而不受打扰的阅读空间，带给孩子良好的阅读体验，当然，针对低幼儿童不建议设置固定阅读区，而是给孩子满目的图书，让阅读随时随地发生；其次，要根据学校儿童阅读课程开展进度及时更换和补充图书，投放丰富多元的阅读材料，让孩子在丰富主题阅读的基础上获得全面发展。

三、创新阅读形式，家校同步让阅读更多元

看、听、讲、画、演的多元阅读方式能够打开孩子的多种感觉通道，适合儿童群体的阅读特点和发展规律，能够让儿童爱上阅读、高效阅读。我们在探索多元阅读教学的基础上，同时将多元阅读的方法推向家庭，通过家长课程、家访、公众号推送、线上直播等方式，具体指导家庭中儿童多元阅读的开展。

一看——打开阅读眼。看，主要有阅读图书和观察分解图片两种方式。可先提供图书让儿童自主阅读，形成对图书的初步感知；然后，通过巧设"小问号故事屋"，让儿童带着问题进一步理解图书内容。当孩子出现阅读困难时，教师或家长提供阅读指南，帮助孩子厘清故事发生发展的脉络。紧接着，增加阅读的挑战性，将图书做成分解图片，通过创设故事迷宫、儿童电影、故事骰子等情境，让儿童创造性地与图书对话。

二听——打开阅读耳。经过前期的看，我们需要在恰当的时机给孩子一个"鹰架"，帮助孩子克服阅读障碍，激发孩子进一步阅读的兴趣，这个"鹰架"就是"听"。听，主要有成人讲儿童听、借助媒介听赏两种途径。研究表明，如果家长能经常为孩子朗读，或者做到亲子共读，不仅能培养儿童专注倾听的习惯，提升儿童的语言表达能力，更能使孩子在情感和心理上得到全面发展。

三讲——打开阅读嘴。讲，从讲述形式上可划分为轮流讲述故事和独立讲述故事。轮流讲述故事主要有分角色讲述故事和分幕讲述故事。分角色讲述故事，即儿童和同伴或者成人，各自选择角色以对话的形式合作讲述故事。分幕讲述故事，即按照故事的发生发展将故事划分为3～4幕，儿童可自选一幕与同伴或成人共同完成故事的讲述。讲不只是单纯地复述图书内容，发表对图书的

意见和看法、与他人互动讨论等都属于阅读讲述。读完一本书，抛出问题，引导儿童发表自己的观点或请儿童整体谈谈阅读收获和体会，是帮助儿童深入阅读、有效阅读的重要途径。

四画——打开阅读手。画，是儿童运用水彩、线描、水粉、彩墨、刮画等绘画手法或剪纸、拼插、泥塑、粘贴等手工形式，又或综合运用绘画、手工等多种艺术表现形式再现、续编、创编故事。由于不同年龄段儿童的关键经验不同，教学上，教师要注意把握孩子的最近发展区，因材施教。低幼儿童以涂鸦、粘贴、添画等创作形式为主，多是再现或者仿编、续编故事。随着儿童年龄的增长、经验的丰富，可逐步拓展到亲子自制图书甚至是独立完成图书创作，内容上除了再现、仿编、续编故事外，更多地鼓励儿童对故事进行改编、创编。创作前，引导儿童对所要创造图书的内容、封面、封底、呈现形式进行整体构思，形成"我的自制图书构思记录表"，确保自制图书内容完整、脉络清晰、形式生动。结束后，组织儿童召开"新书发布会"，孩子在推介自己新书的同时，可以进一步总结自制图书的经验并丰富体验。

五演——打开阅读脑。阅读还有另外一种灵动而又充满生命张力的活动形式，那便是表演。演，主要有操作角色进行表演和承担角色进行表演两种方式。小小木偶剧、故事沙盘表演、故事盒表演等属于操作角色进行表演；情景剧表演、亲子剧场、哑剧表演等属于儿童自身担当角色进行表演。多种形式的表演活动，能让孩子在与图书的深入互动中收获不一样的体验和成长。

学校可依据看、听、讲、画、演的多元阅读形式，分别组织开展丰富多彩的阅读活动。围绕看图书可开展图书借阅、换书交友、图书义捐等活动；围绕听图书可开展睡前枕边故事、听书、为爱朗读等活动；围绕讲图书可开展故事电台播报、故事大王比赛、读书沙龙、朗诵比赛等活动；围绕画图书可开展自制图书评比、亲子自制图书展评、百米故事画卷、手抄报展评、读书笔记晾晒等活动；围绕演图书可开展童话剧展演、小品、相声、戏剧表演、亲子小剧场等活动。在阅读活动的开展中，引导家长以召集者、协同组织者、服务者、参与者、欣赏者、评价者等不同角色参与进来，提高家长推进儿童阅读的主体意识和责任意识，形成教育合力，同步推进儿童阅读。

阅读影响人一生的发展，必须在儿童期就让学生养成一个良好的阅读习惯，而儿童阅读习惯的养成需要家校协同推进。家校同步推进儿童阅读，让每一个孩子在书香活动与快乐体验中获得经验，培养品行，拓展思维，勇于创新。

（作者马西挺、王立福、王凤萍单位系临朐县城关街道中心幼儿园，本文发表于《人民教育》2021年第10期）

第五节　幼儿作品选登

一、童　语

《憋不住，憋不住，快要憋不住了》（见图8-5-1）故事简介：

故事讲的是一个叫亚男的小男孩，做了一个梦。在梦里，他因为憋不住了想上厕所，于是冲进了一家百货大楼，想找个厕所用，结果却遭遇了一连串的不可思议的事情。他被带到长颈鹿用的厕所，被带到蝙蝠用的厕所，遇上了会说话的骨头架子，遇到了妖怪。最后，终于找到了厕所，舒服了，可是，总感觉不对劲。糟糕，原来，还在床上。

城关街道中心幼儿园
大三班张欣怡

图8-5-1　《憋不住，憋不住，快要憋不住了》

《小马过河》（见图8-5-2）故事简介：

小马过河讲述的是小马帮助妈妈把一袋粮食送到河对岸的磨坊的故事。来到一条没有桥的小河边，小马不知河水的深浅，问正在吃草的牛伯伯，牛伯伯说河水很浅。在小马准备过河的时候，小松鼠突然说这条河可深了。小马没了主意，只好回去问妈妈。妈妈启发小马自己去尝试一下。小马小心地试探着，一步一步地蹚过了河。

城关街道中心幼儿园

大三班马铭泽

图8-5-2　《小马过河》

书香启智　快乐成长

《熊妈妈的爱》（见图8-5-3）故事简介：

有只小熊总是吃妈妈捉的鱼，他自己从不去捉鱼。有一天妈妈生病了，饿得没有力气捉鱼了，小熊于是鼓起勇气去捉了很多鱼给妈妈，妈妈偷偷地笑了，原来是妈妈故意装病逼迫小熊自己去捉鱼。这则故事一方面教育孩子，自己的事情要自己做，另一方面也教育大人，该放手的时候就要放手，要培养孩子的自理能力。

城关街道中心幼儿园

大三班王艺璇

书香启智　快乐成长

图8-5-3　《熊妈妈的爱》

《搬过来，搬过去》（见图8-5-4）故事简介：

故事《搬过来，搬过去》风趣、幽默。长颈鹿的高大与鳄鱼的矮小形成了鲜明的对比，两人为了住在一起遇到了很多困难，搬过来又搬过去，但都不能解决问题，这可怎么办？然而，它们在困难面前不后退，不放弃，依然通过努力用独特的想法创造了一个理想的家园，并甜蜜地生活在了一起。整个故事寓意美好，展现了人物之间浓浓的爱意，以及勇敢面对困难的品质。

城关街道中心幼儿园
大一班谭文宣

书香启智　快乐成长

图8-5-4　《搬过来搬过去》

《问路》（见图8-5-5）故事简介：

这是一个有趣的童话故事。鼠先生要到鼠小姐家去做客，可是不知道鼠小姐的家在哪里，在青蛙、公鸡、小熊、狮子的帮助下，终于找到了鼠小姐的家。故事让幼儿初步感知左右方位，体验礼貌问路及获得帮助的快乐。

城关街道中心幼儿园
大一班聂万茹

书香启智　快乐成长

图8-5-5　《问路》

《我爸爸》（见图8-5-6）故事简介：

我的爸爸无所不能！他就像超人一样，什么都会，什么都懂。爸爸说他会一直保护着我长大！

通过故事，激发幼儿爱爸爸的情感。

城关街道中心幼儿园
大一班张乔然

书香启智 快乐成长

图8-5-6 《我爸爸》

《托比的降落伞》（见图8-5-7）故事简介：

小托比是个胆小的男孩，他总是背着他的降落伞，无论是起床、吃早饭、刷牙，还是荡秋千、玩跷跷板、滑滑梯，降落伞都是必不可少的。总之，对托比来说，生活处处都有危险，他才不愿意丢掉降落伞呢！可是有一天，托比居然爬上了高高的树屋，还丢下了降落伞。奇妙的是，慢慢地，托比已经不再依恋降落伞了。

城关街道中心幼儿园
大二班宋音希

书香启智 快乐成长

图8-5-7 《托比的降落伞》

《大象的长鼻子有什么用》（见图8-5-8）故事简介：

我们都知道大象在出生之后就会有一根长长的鼻子，这个长鼻子可以用来做很多很多的事情。你知道大象的鼻子能干什么吗？让我们一起来听听这个关于大象长鼻子的故事吧。

城关街道中心幼儿园

大二班王源庆

书香启智　快乐成长

图8-5-8　《大象的长鼻子有什么用》

《小羊爬山》（见图8-5-9）故事简介：

有三只小羊，一起去爬山。一只羊爬到了半山腰，觉得太累了，就不爬了。另一只爬到了半山腰，就一直坐在半山腰休息。只有最后一只，一步一步地向山顶爬去，累了也一直坚持着，就这样，它越来越接近山顶，最后，它终于爬上了山顶。

城关街道中心幼儿园

大二班孔凡淼

书香启智　快乐成长

图8-5-9　《小羊爬山》

《大雪球》（见图8-5-10）故事简介：

故事讲的是从前有一座高高的雪山，一个小男孩做了一个大大的雪球，他使劲把这个雪球扔了出去。这个雪球在风的帮助下不停地飞啊飞啊，不停地前进：它经过了正在滑雪的孩子；它挡住了小汽车和大卡车的去路；它吓跑了池塘里的鸭子；它赶跑了一只小狗和一只小猫；它碰掉了很多人的帽子；但是它依然没有停下来，它飞进了冰淇淋店里……后来雪球怎么样了？一起来听一听吧。

城关街道中心幼儿园
大二班宋音希

书香启智　快乐成长

图8-5-10　《大雪球》

《换妈妈》（见图8-5-11）故事简介：

这是一只很挑剔的小老鼠，它决定做一件重要的事情——换妈妈。结果如何呢？小朋友，你在家里听妈妈的话吗？在妈妈批评你的时候，会不会有各种不满呢？妈妈其实是这世上最无私的人，她会毫无所求地把所有的爱全部给你，在你需要的时候，永远会第一个出现在你的面前。这就是母爱的伟大！

城关街道中心幼儿园

大二班王雅茹

书香启智　快乐成长

图8-5-11　《换妈妈》

《长颈鹿的脖子为什么这么长》（见图8-5-12）故事简介：

长颈鹿是世界上比较高的动物，它们的高度主要是由长长的脖子贡献的，那么长颈鹿的脖子为什么那么长呢？

城关街道中心幼儿园

小二班王艺涵

书香启智　快乐成长

图8-5-12　《长颈鹿的脖子为什么这么长》

《爱吃水果的牛》（见图8-5-13）故事简介：

　　故事主要讲述的是有一个主人喂养了一只爱吃水果的牛，牛每天吃很多的水果。有一天，天冷刮风，主人生病了，而爱吃水果的牛没有生病，主人后来吃了爱吃水果的牛的牛奶，才好了起来，后来，大家都爱吃水果了。

城关街道中心幼儿园
小二班魏艺晨

图8-5-13　《爱吃水果的牛》

书香启智　快乐成长

《聪明的小羊》（见图8-5-14）故事简介：

故事里的小羊遇到了一只狼，遇到危险的小羊该怎么办呢?让我们看看故事里的小羊会做什么吧!

城关街道中心幼儿园

小一班王佳妍

书香启智　快乐成长

图8-5-14　《聪明的小羊》

《乌鸦喝水》（见图8-5-15）故事简介：

这是《伊索寓言》中的一个寓言故事。通过讲述一只乌鸦喝水的故事，告诉人们遇到困难不要轻易放弃，要运用身边可以利用到的任何东西帮助自己，发挥自己的聪明才智，要有突破精神，要有不达目的不放弃的精神。在一次次的尝试之后，总会看到胜利的曙光。

城关街道中心幼儿园

中一班张佳怡

书香启智　快乐成长

图8-5-15　《乌鸦喝水》

《阿文的小毯子》（见图8-5-16）故事简介：

一个叫阿文的小老鼠很喜欢它的小毯子，从小到大小毯子从不离身。邻居的阿婶和爸爸妈妈想尽了办法也不能让阿文放弃，最后，还是妈妈想出了好办法：妈妈把小毯子做成了一条一条的小手帕。现在，阿文每天都会带着它的小手帕，再也没有人说什么了。

城关街道中心幼儿园
大三班张欣怡

书香启智　快乐成长

图8-5-16　《阿文的小毯子》

《小猫钓鱼》（见图8-5-17）故事简介：

猫妈妈带着小猫在河边钓鱼。小猫看见一只蜻蜓，就去捉蜻蜓。过了一会儿，飞来了一只蝴蝶，小猫看见了，又去捉蝴蝶。最后，小猫没有钓到一只鱼。小猫钓鱼的故事告诉我们，做事不能三心二意，如果三心二意的话，就不能成功地做成事。

我们做事应该专心致志，只有专心才能走上通往成功的道路。

城关街道中心幼儿园
中四班郭欣彤

书香启智　快乐成长

图8-5-17　《小猫钓鱼》

《好饿的小蛇》（见图8-5-18）故事简介：

好饿的小蛇扭来扭去散步的时候，发现了一个圆圆的苹果。"啊呜"，真好吃。第二天，好饿的小蛇扭来扭去散步的时候，发现了一根黄色的香蕉，"啊呜"，真好吃……第六天，好饿的小蛇扭来扭去散步的时候，发现了一棵结满红苹果的树。你猜猜，好饿的小蛇会怎么样呢？

城关街道中心幼儿园
中一班高远致

书香启智　快乐成长

图8-5-18　《好饿的小蛇》

《是谁嗯嗯在我的头上》（见图8-5-19）故事简介：

"嗯嗯"到底有什么学问呢？故事通过讲述一只倒霉的小鼹鼠，寻找到底是哪个坏蛋"嗯嗯"在他头上的过程，轻松愉快地让我们了解，原来每一种动物的排泄物形状都不同，什么样的动物就拉什么样的"便"。而最后小鼹鼠到底能不能找到那个"嗯嗯"在他头上的坏蛋呢？专吃大便的苍蝇可是破案的关键喔！

城关街道中心幼儿园
中一班宋琳萱

书香启智　快乐成长

图8-5-19　《是谁嗯嗯在我的头上》

《青蛙王子》（见图8-5-20）故事简介：

有一个公主，把金球掉进了树洞。一只青蛙提出以分享一切为报酬帮公主取回球。公主不愿支付报酬，但在国王的要求下答应了。晚上睡觉时，公主把青蛙扔了出去，落地时他变成了王子……从此，他们幸福地生活在一起。

城关街道中心幼儿园

大二班张娅楠

图8-5-20　《青蛙王子》

《猪八戒吃西瓜》（见图8-5-21）故事简介：

唐僧师徒四人去西天取经，途经荒山野地，唐僧派孙悟空去寻找瓜果食品，猪八戒也要同去。两人没走多远，八戒就假装肚子痛，悟空只得独自前去。八戒刚要入睡，忽然发现前面山崖下有个大西瓜，连忙把它搬到树荫下，切成四块。他先把属于自己的一块吃了，但觉得不过瘾，便想了各种借口，相继把属于悟空、沙僧，以至师父的西瓜全吃了。为了教训八戒，悟空变成一块西瓜皮，一路跟随八戒回去。西瓜皮故意捉弄八戒，使他摔了不少跟头。最后，八戒不得不在师父面前承认了自己的错误。

城关街道中心幼儿园

大三班王雅茹

书香启智　快乐成长

图8-5-21　《猪八戒吃西瓜》

《袋鼠宝宝小羊羔》（见图8-5-22）故事简介：

当一只迷路的孤独的小羊羔呼唤着妈妈时，一只因为没有孩子而同样孤独的袋鼠刚好遇到了它。袋鼠把小羊羔放进了自己的袋袋，然后带着它回家。有了新妈妈的爱护，小羊羔觉得很快活。但是，当小羊羔意识到自己和妈妈的不同之后，会发生什么事情呢？

城关街道中心幼儿园
大四班白雯萱

书香启智　快乐成长

图8-5-22　《袋鼠宝宝小羊羔》

《小红帽》（见图8-5-23）故事简介：

从前有个人见人爱的小姑娘，喜欢戴着外婆送给她的一顶红色天鹅绒的帽子，于是大家就叫她小红帽。有一天，母亲叫她给住在森林的外婆送食物，并嘱咐她不要离开大路，走得太远。小红帽在森林中遇见了狼。她从未见过狼，也不知道狼的凶残，于是告诉了狼她要去森林里看望自己的外婆。狼知道后诱骗小红帽去采野花，自己到林中小屋把小红帽的外婆吃了。后来它伪装成外婆，等小红帽来找外婆时，狼一口把她吃掉了。幸好后来一个勇敢的猎人把小红帽和外婆从狼肚里救了出来。

城关街道中心幼儿园
大四班谭靖瑶

书香启智　快乐成长

图8-5-23　《小红帽》

《美女与野兽》（见图8-5-24）故事简介：

故事讲的是一位被变成野兽的王子，与为解救父亲来到古堡居住的姑娘贝儿在相处中渐渐产生感情，最后经过努力，王子成功解除魔法，与贝儿生活在一起的故事。

城关街道中心幼儿园
大一班马心怡

书香启智　快乐成长

图8-5-24　《美女与野兽》

《三只小猪》（见图8-5-25）故事简介：

猪妈妈让自己的三个孩子去盖房子。老大呼呼只花了三个小时就盖好了草房，老二噜噜只花了三天就盖好了木房，老三嘟嘟花了三个月盖好了砖房。大灰狼听说来了三只小猪，就来到草房前，叫小猪呼呼开门，呼呼不开，结果大灰狼吹了口气，草房就倒了。呼呼跑到噜噜的房子里，结果大灰狼撞了几下，房子又倒了。呼呼和噜噜又跑到嘟嘟的砖房，结果大灰狼头上撞出了三个疙瘩，也没能进门。后来，大灰狼从烟囱里钻进去，结果跌进热锅，被开水烫伤了。从此，它再也不敢来捣乱了。

城关街道中心幼儿园
小二班谭雯琳

书香启智　快乐成长

图8-5-25　《三只小猪》

《好吃的水果糖》（见图8-5-26）故事简介：

小老鼠乐乐爱吃水果糖，当它知道水果糖里没有真正的水果后，立志要当一名科学家，并要做出真正的水果糖。我们一起去听听这个故事吧。

城关街道中心幼儿园

小二班王若瑄

书香启智　快乐成长

图8-5-26　《好吃的水果糖》

《三只小猪》（见图8-5-27）故事简介：

这个故事讲的是三只小猪建房子的故事。三只小猪分别建了三栋不同的房子，最后发现砖房子最结实。这个故事告诉大家，不要因为事情费力而偷懒。

城关街道中心幼儿园

小一班白梓萱

书香启智　快乐成长

图8-5-27　《三只小猪》

《方格子老虎》（见图8-5-28）故事简介：

《方格子老虎》是一本有趣、感人而又充满爱的绘本。故事讲述的是，小老虎出生后，小老虎的爸爸妈妈因为"给小老虎画什么样的条纹"发生了争执，懂事的小老虎在自己身上画上了格子条纹，由此缓和了爸爸妈妈的矛盾。从此，方格子小老虎变得与众不同，还成了明星。

城关街道中心幼儿园
中二班宋音希

书香启智　快乐成长

图8-5-28　《方格子老虎》

《没有耳朵的兔子》（见图8-5-29）故事简介：

没有耳朵的兔子很普通，像所有兔子一样，它能跑、能跳、爱吃胡萝卜。可是，没有耳朵这个小小的特别之处，让其他的兔子都不肯和它做朋友，就连狐狸都懒得捉它。没有朋友的无耳兔，成了一只"宅兔"，躲在家里上网、看书……但在它捡到一个蛋后，一切都变了，它有了朋友，变得很快乐。

城关街道中心幼儿园
中二班赵钰洁

图8-5-29 《没有耳朵的兔子》

书香启智 快乐成长

《小蝌蚪找妈妈》（见图8-5-30）故事简介：

池塘里的小蝌蚪慢慢长大了，它们要寻找自己的妈妈，却不知道妈妈长得什么样。经历了一个又一个波折，最后小蝌蚪们终于找到了自己的妈妈，它们也从蝌蚪变成了青蛙。

城关街道中心幼儿园
中四班刘冬阳

图8-5-30 《小蝌蚪找妈妈》

书香启智 快乐成长

168

二、童画

（一）《我的幼儿园生活》　作者：高熙莹

这是我的幼儿园——城关街道中心幼儿园（见图8-5-31）。

图8-5-31　我的幼儿园

早晨我和小朋友一起入园（见图8-5-32）。

图8-5-32　入园

我和小朋友一起做球操（见图8-5-33）。

图8-5-33 做球操

我和小朋友一起上课（见图8-5-34）。

图8-5-34 上课

我和小朋友一起玩玩具（见图8-5-35）。

图8-5-35　玩玩具

我们一起吃午饭（见图8-5-36）。

图8-5-36　吃午饭

午饭之后进入了午休时间（见图8-5-37）。

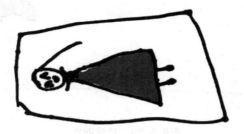

图8-5-37　午休

起床之后我们一起在区域活动中唱歌（见图8-5-38）。

图8-5-38　唱歌

幼儿园一天的生活结束了，放学回家喽（见图8-5-39）！

图8-5-39　放学回家

（二）《我和我的好朋友》 作者：冯思妍

这是我和我的好朋友——王淑萌（见图8-5-40）。

图8-5-40　我和我的好朋友

今天我的好朋友来我家找我玩（见图8-5-41）。

图8-5-41　一起玩耍

我们一起玩过家家的游戏（见图8-5-42）。

图8-5-42　玩过家家游戏

我们一起玩玩具（见图8-5-43）。

图8-5-43　玩玩具

我吃着糖葫芦看好朋友吹泡泡（见图8-5-44）。

图8-5-44　吹泡泡

这时候妈妈给我们送来了好吃的点心（见图8-5-45）。

图8-5-45　妈妈来了

吃完点心，我们一起拍球（见图8-5-46）。

图8-5-46　拍球

到了回家的时候，我和我的好朋友说再见（图8-5-47）。

图8-5-47　再见

（三）《小蛇散步》　作者：申昕冉

下了很久很久的雨（见图8-5-48）。

图8-5-48　下雨

小蛇出去散步的时候，遇到了正在散步的小鸡（见图8-5-49）。

图8-5-49　散步

小蛇爬了很久。突然遇到了一个大水坑（见图8-5-50）。

图8-5-50　遇到大水坑

小兔子说："小蛇，你能帮助我的好朋友们过河吗？"（见图8-5-51）

图8-5-51　小兔子求助

小蛇说："当然没有问题啦！"小动物们从小蛇的身上走了过去（见图8-5-52），大家对小蛇说："小蛇，非常感谢你帮助我们过河！"

图8-5-52　小蛇帮助小动物过河

小动物们一个接一个地从小蛇的身上爬过了河（见图8-5-53）……

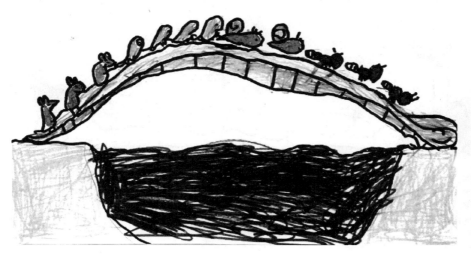

图8-5-53　过河

狐狸对小蛇说："我可以从你的身上过河吗？"小蛇说："当然可以啦！"（见图8-5-54）

图8-5-54　帮狐狸过河

小动物们都顺利地过了河。小蛇喝光了河里所有的水，小蛇的肚子变得圆滚滚的，走起路来摇摇摆摆的（见图8-5-55）。

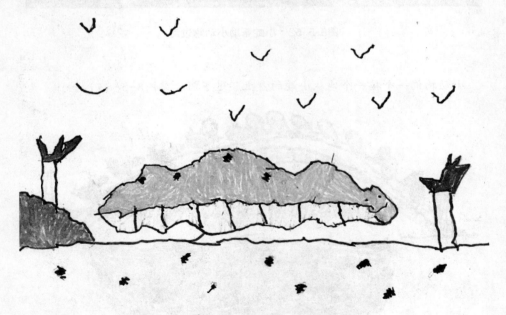

图8-5-55　喝水

（四）《小蝌蚪找妈妈》　作者：谭可欣

小蝌蚪开启了寻母之路（见图8-5-56）。

图8-5-56　《小蝌蚪找妈妈》

青蛙妈妈睡了一个冬天后醒来了。"扑通"一声跳进池塘里，在水草上生下了许多黑黑的圆圆的卵（见图8-5-57）。

图8-5-57　产卵

有一天，鸭妈妈带着它的孩子们来池塘里玩耍（见图8-5-58）。小蝌蚪着急地上前问："鸭妈妈，鸭妈妈，你知道我们的妈妈在哪里吗？"鸭妈妈回答："我不知道你们的妈妈在哪里，但我知道你们的妈妈有双大大的眼睛和又宽又大的嘴巴。你们去找吧。"

图8-5-58　鸭妈妈

小蝌蚪游啊游，遇到了金鱼妈妈（见图8-5-59）。小蝌蚪一看，大大的眼睛，又宽又大的嘴巴，急忙上前喊："妈妈，妈妈。"金鱼妈妈停下后，看到原来是小蝌蚪，就对它们说："我不是你们的妈妈，你们的妈妈有四条腿。"

图8-5-59　金鱼妈妈

　　小蝌蚪继续往前游，遇到了乌龟妈妈（见图8-5-60），见到乌龟妈妈有四条腿，心想：这下准没错了，连忙上前喊："妈妈，妈妈，我们可找到你了。"乌龟妈妈见状，连忙说："我不是你们的妈妈，你们的妈妈有白白的肚皮，你们找错啦。你们再去前面找找吧！"

图8-5-60　乌龟妈妈

　　小蝌蚪们遇到了螃蟹妈妈（见图8-5-61），大声喊："妈妈，妈妈。"螃蟹见了，摇摇它的钳子说："我不是你们的妈妈，你们的妈妈，穿着绿衣服，唱起歌来'呱，呱，呱……'你们找错啦。你们去其他地方再找找吧！"

图8-5-61　螃蟹妈妈

小蝌蚪们继续往前游，游到池塘边，看见一只青蛙（见图8-5-62）坐在荷叶上"呱，呱，呱……"唱着歌。大大的眼睛，又宽又大的嘴巴，白白的肚皮，还有四条腿，穿着绿绿的衣服，蝌蚪们围着青蛙问："您是我们的妈妈吗？您怎么长得跟我们不一样？"青蛙妈妈说："傻孩子，我就是你们的妈妈啊！"

图8-5-62　青蛙妈妈

（五）《龟兔赛跑》　作者：高振皓

　　有一天，兔子碰见了乌龟，看见乌龟爬得非常慢，就想戏弄戏弄它，于是笑眯眯地说："乌龟，乌龟，咱们来赛跑，好吗？"乌龟知道兔子在开玩笑，于是瞪着一双小眼睛，不理也不睬（见图8-5-63）。

图8-5-63　乌龟和兔子

　　兔子知道乌龟不敢跟它赛跑，乐得摆着耳朵直蹦跳，还编了一支山歌笑话它：乌龟，乌龟，爬爬爬，一早出门采花；乌龟，乌龟，走走走，傍晚还在门口。

　　乌龟生气了，说："兔子，兔子，你别得意！咱们这就来赛跑！"

　　"什么？乌龟，你说什么？"

　　"咱们这就来赛跑！"

　　兔子一听，差点笑破肚子："乌龟，你真敢跟我赛跑？那好，咱们从这儿跑起，看谁先跑到那边山脚下的大树那里。"

　　"预备！一，二，三……"兔子撒开腿就跑（见图8-5-64），跑得真快，一会儿就跑得很远了。

图8-5-64　准备出发

　　它回头一看，乌龟才爬了一小段路呢（图8-5-65），心想：乌龟敢跟兔子赛跑，真是天大的笑话！我呀，在这儿睡上一大觉，让它爬到这儿，不，让它爬到前面去吧，我三蹦两跳地就追上它了。

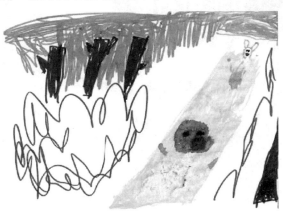

图8-5-65　赛跑

"啦啦啦，胜利准是我的嘛！"兔子往地上一躺，合上眼皮，真的睡着了。

再说乌龟，爬得也真慢，可是它一个劲儿地爬，爬呀，爬呀，爬，等它爬到兔子身边，已经筋疲力尽了。

兔子还在睡觉，乌龟也想休息一会儿，可它知道兔子跑得比它快，只有坚持爬下去才有可能赢。

于是，它不停地往前爬，爬，爬。离大树越来越近了，只差几十步了，十几步了，几步了………终于到了。

兔子呢？它还在睡觉呢！兔子醒来后往后一看，唉，乌龟怎么不见了？

再往前一看，哎呀，不得了了！乌龟已经爬到大树底下了。兔子这下急了，急忙赶上去，可已经晚了，乌龟已经赢了（见图8-5-66）。

图8-5-66　乌龟赢了

（六）《小老鼠分果果》　作者：刘津聿

一只小老鼠在苹果树下休息，这时一个大红苹果掉了下来（见图8-5-67）。

图8-5-67　大红苹果掉下来了

小老鼠推着大红苹果往自己的小房子滚啊，滚啊（见图8-5-68）。

图8-5-68　推红苹果

马上要大功告成了，可是，小老鼠的手一松，大红苹果顺着山坡滚了下去（见图8-5-69）。

图8-5-69　大红苹果滚下去了

　　青蛙把大红苹果从水里捞出来，还给了小老鼠（见图8-5-70）。

图8-5-70　青蛙帮忙

鼹鼠帮小老鼠把大红苹果从地道中推了出来，小老鼠推着大红苹果继续往前滚（见图8-5-71）。

图8-5-71　鼹鼠帮忙

小老鼠、青蛙、乌龟和鼹鼠一起品尝大红苹果（见图8-5-72、图8-5-73）。

图8-5-72　一起分享大红苹果（1）

图8-5-73　一起分享大红苹果（2）

（七）《没有耳朵的兔子》　作者：尹艺静

天底下有胖耳朵、瘦耳朵、长耳朵、方耳朵、圆耳朵和弯耳朵的兔子（见图8-5-74）。

图8-5-74　各种耳朵的兔子

还有一只没有耳朵的兔子，不过，任何一只兔子会做的事情，它都会（见图8-5-75）。

图8-5-75　没有耳朵的兔子

没有耳朵的兔子为了让蛋呼吸到新鲜的空气，就带着蛋去爬山（见图8-5-76）。

图8-5-76　爬山

没有耳朵的兔子拿着胡萝卜，这时，蛋破了（见图8-5-77）。

图8-5-77　蛋破了

一只小鸡站在没有耳朵的兔子面前，傻傻地看着它（见图8-5-78）。

图8-5-78　小鸡和兔子

没有耳朵的兔子和小鸡紧紧地拥抱在一起（见图8-5-79）。

图8-5-79 拥抱

有耳朵的兔子、小鸡、没有耳朵的兔子一起玩起了藏猫猫游戏，在藏猫猫的时候，耳朵就成了有耳朵兔子的大麻烦（见图8-5-80）。

图8-5-80 玩藏猫猫游戏

（八）《我们的日常》 作者：马梦茹

妈妈准备送我去幼儿园（见图8-5-81）。

图8-5-81 准备去幼儿园

这时，外面下起了雨，我很是开心（见图8-5-82）。

图8-5-82 下雨

妈妈去上班了，奶奶在家陪着我（见图8-5-83）。

图8-5-83 奶奶在家陪我

我和姐姐、妹妹一起在家玩（见图8-5-84）。

图8-5-84 和姐姐、妹妹玩

因为出不去，我在家里洗起了葡萄（见图8-5-85）。

图8-5-85　洗葡萄

吃完葡萄，我打着雨伞去外边玩（见图8-5-86）。

图8-5-86　在外边玩耍

天晴了，奶奶送我去幼儿园（见图8-5-87）。

图8-5-87　奶奶送我去幼儿园

我和小朋友们一起加餐（见图8-5-88）。

图8-5-88　一起加餐

天又下起了雨，妈妈下班后打着雨伞来幼儿园接我（见图8-5-89）。

图8-5-89　妈妈打伞来接我

（九）《眼镜公主康复记》　作者：陈佳禾　刘东阳　孙艺轩等

眼镜公主总是躺在床上看书（见图8-5-90），眼睛越来越看不清楚了。

图8-5-90　在床上看书的眼镜公主

眼镜公主看电视要离得很近，不然真的看不清楚（见图8-5-91）。

图8-5-91　看电视的眼镜公主

戴着眼镜吹空调时（见图8-5-92），眼镜随时会掉下来。

图8-5-92　吹空调的眼镜公主

于是，国王和王后减少了她看电视的时间（见图8-5-93）。

图8-5-93　控制看电视时间

国王和王后只让她在灯光明亮的地方看书（见图8-5-94）。

图8-5-94　在明亮的地方看书

让她在明亮的地方写字（见图8-5-95）。

图8-5-95　在明亮的地方写字

还让她加强体育锻炼（图8-5-96），吃很多眼镜公主不太喜欢但是很健康的蔬菜。

图8-5-96　加强体育锻炼

最后,眼镜公主不再害怕近视了(见图8-5-97),视力越来越好。

图8-5-97　不再害怕近视

三、童趣

《白雪公主》(见图8-5-98)故事简介:

故事讲述的是,白雪公主由于受到继母的虐待,于是逃到森林里与七个小矮人生活。后来被王后设计吃下了毒苹果,继而陷入永久的昏厥,直到一位白马王子经过这里,用真爱的力量唤醒了白雪公主,从此王子和公主幸福地生活在了一起。

表演者:陈欣怡 谭子瞳 程昭菲 高妍希 邓树宁 吴耀瑄 宋林灏 张怡然

王梦坤 刘恩泽 谭一航 崔佳琪

指导老师:邢祥杰

书香启智　快乐成长

图8-5-98　《白雪公主》

《厨房小精灵》（见图8-5-99）故事简介：

娇气挑食的小公主不爱吃蔬菜，最爱吃肉肉，时间一长，身体受不了了，各种细菌统统来捣乱。蔬菜精灵们有没有帮助公主赶走"细菌坏蛋"呢？小公主改掉挑食的坏习惯了吗？

表演者：衣妍忻　衣若荥　马婉宁　王雅婕　高蕴绮　马雯茜　蔺向东　曾博洋

尹艺晓　谭煜茹　尹志恺　高新铎　刘建廷　聂浩宇　高家乐　史佳椿　姚铧宸　赵诗佳

指导老师：刘红

书香启智　快乐成长

图8-5-99　　《厨房小精灵》

《没有牙齿的大老虎》（见图8-5-100）故事简介：

老虎的牙齿又大又锋利，能毫不费力地咬断铁条和树木，提起它们，森林中的小动物都很害怕。聪明的狐狸听说了，拍拍胸脯说它有办法治老虎。狐狸会想出什么好办法呢？快看看小朋友们是如何表演的吧……

表演者：谭明鹭　王辰梦　王若羽　刘京轩　倪梓宸　谭懿轩　马云龙　魏子榛

指导老师：马丽梅

书香启智　快乐成长

图8-5-100　《没有牙齿的大老虎》

《小青虫的梦》（见图8-5-101）故事简介：

一条热爱音乐的小青虫，由卵最终蜕变成了美丽的蝴蝶。故事告诉我们，不应该用相貌来判断一个人的价值，每个人都有一定的价值，都能通过努力实现自己的梦想。小朋友们，你们有没有梦想呢?你们的梦想是什么呢?

表演者：尹文昊 赵晗妤 黄筱然 李雪瑶 刘懿萱 江雨讯 赵懿然 申雨彤 王宗鑫 马文琪 刘霁萱

指导老师：赵宏美

书香启智　快乐成长

图8-5-101　《小青虫的梦》

《自作聪明的小花猫》（见图8-5-102）故事简介：

猫妈妈教小猫抓老鼠，但小猫没有把妈妈的话听完就去抓，结果把萝卜、板凳当成老鼠闹出了笑话。小猫认识到了自己的错误，于是认真地学习，最终把老鼠抓到了。

表演者：陈安琪 刘承朋 高梦晗 孙嘉泽 张家铭 刘芯伊

指导老师：窦晓雯

书香启智 快乐成长

图8-5-102 《自作聪明的小花猫》

《小熊请客》（见图8-5-103）故事简介：

一只狐狸，又懒又馋，整天吃饱了睡，睡够了就去偷别人的东西，小动物们都不喜欢它。这天馋嘴的狐狸看到小猫、小鸡和小狗要去小熊家里参加生日派对，它也想死皮赖脸地跟着去。小动物们有没有带它？狐狸又想出了什么馋主意？……

表演者：郭津瑞 刘姿仪 王晟瑞 王淑涵 尹艺楠 张雅琳 姚丁硕 张昕宇 尹嘉皓 谭倾城 刘镇玮 张高樊

指导老师：曾范燕 程雪梅 张晓军

书香启智　快乐成长

图8-5-103　《小熊请客》

《小兔乖乖》（见图8-5-104）故事简介：

兔妈妈有三个宝贝，一个叫长耳朵，一个叫短尾巴，还有一个叫红眼睛。这天兔妈妈去采蘑菇，狡猾的大灰狼冒充兔妈妈想要进屋吃掉兔宝宝。三个兔宝宝有没有给它开门呢？

表演者：刘红 李孝鑫 魏立莹 赵宏美 窦翠翠

书香启智　快乐成长

图8-5-104　《小兔乖乖》